An der Schwelle zum eigenen Leben

Interdisziplinärer Dialog –
Ethik im Gesundheitswesen

Herausgegeben von

DIALOG ETHIK
Interdisziplinäres Institut für Ethik im Gesundheitswesen

Band 3

PETER LANG
Bern · Berlin · Bruxelles · Frankfurt am Main · New York · Oxford · Wien

Medizin-ethischer Arbeitskreis Neonatologie
des Universitätsspitals Zürich

An der Schwelle zum eigenen Leben

Lebensentscheide am Lebensanfang
bei zu früh geborenen, kranken
und behinderten Kindern in der Neonatologie

PETER LANG

Bern · Berlin · Bruxelles · Frankfurt am Main · New York · Oxford · Wien

Bibliografische Information Der Deutschen Bibliothek
Die Deutsche Bibliothek verzeichnet diese Publikation in der Deutschen
Nationalbibliografie; detaillierte bibliografische Daten sind im Internet über
‹http://dnb.ddb.de› abrufbar.

ISBN 3-03910-120-X
ISSN 1424-6449

2., unveränderte Auflage

© Peter Lang AG, Europäischer Verlag der Wissenschaften, 2002, 2003
Hochfeldstrasse 32, Postfach 746, CH-3000 Bern 9
info@peterlang.com, www.peterlang.com, www.peterlang.net

Alle Rechte vorbehalten.
Das Werk einschliesslich aller seiner Teile ist urheberrechtlich geschützt.
Jede Verwertung ausserhalb der engen Grenzen des Urheberrechtsgesetzes
ist ohne Zustimmung des Verlages unzulässig und strafbar. Das gilt
insbesondere für Vervielfältigungen, Übersetzungen, Mikroverfilmungen und
die Einspeicherung und Verarbeitung in elektronischen Systemen.

Printed in Germany

Vorwort 2. Auflage

Das in diesem Buch beschriebene Entscheidungsfindungsmodell für ethische Dilemmasituationen auf neonatalen Intensivstationen gehört mittlerweile am Universitätsspital Zürich zum klinischen Alltag. Die Ethikgruppe der Klinik für Neonatologie evaluiert in neuer, wiederum interdisziplinärer Zusammensetzung diese Praxis.

Dieses Entscheidungsfindungsmodell stösst auf ein breites Interesse und konnte auch im Ausland an internationalen Kongressen vorgestellt werden. Am Universitätsspital Zürich dient es den interdisziplinären Arbeitsgruppen der Intensivstationen der Inneren Medizin und der Unfallchirurgie zudem als Grundlage bei der Entwicklung eines ähnlichen Entscheidungsleitfadens für Therapieentscheide bei nicht urteilsfähigen Patientinnen und Patienten.

Die dabei gesammelten Erfahrungen geben neue Anstösse und wurden teilweise bereits in das Modell integriert. In dem auf Frühling 2004 geplanten Band über Intensivmedizin für frühgeborene Kinder wie auch für Erwachsene wird das modifizierte Modell vorgestellt.

Im Namen des „Medizin-ethischen Arbeitskreises Neonatologie"

Dr. Ruth Baumann-Hölzle

Zürich, den 24. April 03

Für Ayse, Simon und Alban

Inhaltsverzeichnis

Hinführung
Ruth Baumann-Hölzle 11

Ambivalenz des medizin-technischen Fortschritts
in der neonatalen Intensivmedizin
Ruth Baumann-Hölzle 13

Ayse – 600 Gramm leicht
Emanuela Erzinger-Manea 15

Wie ich Ayse als „aussenstehender" Arzt erlebte
Kurt von Siebenthal 21

Die Klinik für Neonatologie in Zahlen 25

Warum ich mich im medizin-ethischen Arbeitskreis
Neonatologie engagier(t)e: Die Mitglieder
des ethischen Arbeitskreises stellen sich vor 27

Neonatologie und Ethik: Die Biographie
eines unvermeidlichen Zusammentreffens
Gabriel Duc 39

Das sehr kleine Frühgeborene: Ethische Fragen
aus der Sicht eines Neonatologen
Diego Mieth 49

Medizin- und pflegeethische Entscheidungsfindung in
einer pluralistischen Gesellschaft – ein historischer Überblick
Ruth Baumann-Hölzle 59

Simon – nur zwei Tage auf der Welt
Emanuela Erzinger-Manea 73

Das interdisziplinäre „Zürcher Modell" zur Urteilsbildung
für medizin- und pflegeethische Fragestellungen
in der neonatalen Intensivmedizin
Kurt von Siebenthal, Ruth Baumann-Hölzle 79

Der Fall Alban: Das Modell auf dem Prüfstand
Kurt von Siebenthal 91

Modellentwicklung
Ruth Baumann-Hölzle 103

Erfahrungen mit dem Modell
Hans-Ulrich Bucher 109

Meine Erfahrungen mit dem Modell
Silvia Rauch 111

Das Kind im Mittelpunkt
Kurt von Siebenthal 115

Gratwanderung zwischen Wissen und Gewissen
Kati Hübner 119

Probleme der Neonatologie aus rechtlicher Sicht –
Ein Diskussionsvorschlag
Max Baumann 125

Kritische Fragen an das Entscheidungsmodell:
Das Zürcher Modell aus der Sicht
eines aussenstehenden Neonatologen
Christian Kind 147

Das interdisziplinäre nationale Forschungsprojekt
„Evaluation of a Framework for Ethical Decision-Making
in Neonatal Intensive Care" – eine Kurzbeschreibung
Marco Maffezoni 157

Ausblick
Ruth Baumann-Hölzle 173

Kurzbiographien 179

Hinführung

Ruth Baumann-Hölzle

Ausgangspunkt des vorliegenden Buchs ist die Entscheidungsnot der behandelnden Ärzte einerseits und der Pflegenden andererseits am Bett eines kranken oder zu früh geborenen Neugeborenen. Das Buch wendet sich gegen die Entwicklung der medizin-ethischen Urteilsbildung in der neonatalen Intensivmedizin vor allem in Deutschland und den USA, wo man versucht, die ethischen Dilemmata mit staatlichen Richtlinien zu lösen. Gleichzeitig wendet es sich gegen eine Entwicklung, die dahin tendiert, die Entscheidungsverantwortung nach dem Ansatz der Situationsethik und ohne verbindliche Kriterien den Ärztinnen und Ärzten am Krankenbett zu überlassen. Als Alternative zu diesen Entwicklungen wird das Zürcher Modell vorgestellt, das von Medizinern, Pflegenden, einer Spitalseelsorgerin und mir als Ethikerin interdisziplinär erarbeitet worden ist und von einem verfahrensethischen Ansatz ausgeht. Das Buch ist auf die Praxis ausgerichtet und wendet sich an Fachleute der neonatalen Intensivmedizin und interessierte Laien.

Hervorgegangen ist das Buch als Frucht aus einer mehrjährigen interdisziplinären Zusammenarbeit des „Medizin-ethischen Arbeitskreises Neonatologie", der 1994 am Universitätsspital Zürich gegründet worden ist. Den Mitgliedern des Arbeitskreises möchte ich an dieser Stelle für ihr enormes Engagement und ihre Offenheit danken, mit denen sie sich auf den langwierigen Entwicklungsprozess dieses Modells eingelassen haben. Erwähnen möchte ich an dieser Stelle auch Priska Weber, geb. Zinnert, welche keinen schriftlichen Beitrag an dieses Buch liefern konnte, während vielen Jahren aber im Arbeitskreis mitgearbeitet hat. Ebenfalls danken möchte ich Herrn Prof. Dr. F. Stoll für seine Bereitschaft, sich am interdisziplinären Forschungsprojekt zu beteiligen. Mit einem speziellen Dank hervorheben möchte ich Frau Christine Kaiser. Sie hat mit einem grossen Zeitaufwand, viel Geduld und inhaltlichem Interesse unsere Texte redaktionell überarbeitet und lektoriert.

Ambivalenz des medizin-technischen Fortschritts in der neonatalen Intensivmedizin

Ruth Baumann-Hölzle

Die neonatale Intensivmedizin stellt kranken Neugeborenen und Frühgeborenen ein breites Spektrum von Möglichkeiten zur Behandlung und Betreuung zur Verfügung. Dadurch können bei vielen Kindern Schädigungen vermieden werden, und es überleben heute zu früh geborene und kranke Kinder, die früher gestorben wären.

Diesen Errungenschaften gegenüber stehen schwerwiegende Konsequenzen für einzelne Kinder, die dank dieser neuen Möglichkeiten zwar überleben, durch diese Überlebenshilfen aber entweder schwer geschädigt werden oder als schwer missgebildete oder neurologisch geschädigte Kinder weiterleben. Der Verminderung der Mortalität steht heute eine Erhöhung der Morbidität gegenüber.

Diese Ambivalenz des medizin-technischen Fortschritts in der neonatalen Intensivmedizin ist ein moralisches Dilemma für diejenigen, welche über den Einsatz der medizin-technischen Mittel zu entscheiden haben: Die behandelnden Ärztinnen und Ärzte und die Pflegenden stehen oft vor der Situation, dass ihr Tun so oder so mit Leiden verbunden ist. Neugeborene kann man nicht nach ihrem Willen fragen. Nach welchen Kriterien und wie sollen Entscheidungen im Namen eines Kindes gefällt werden? Im Zentrum des Buchs steht das Ringen um die einem bestimmten Kind angemessene Entscheidung. Moralischer Ausgangspunkt dieses Buches ist der grundsätzliche Respekt vor jedem Kind als einer eigenständigen Person von Anfang an, mit dem Anspruch auf eine ihr angemessene Behandlung und Betreuung. Alle anderen Ansprüche und Wünsche haben vor diesem grundsätzlichen Anspruch des jeweiligen Kindes in den Hintergrund zu treten: diejenigen der Eltern auf ein „gesundes" Kind und auf ein „glückliches" Familienleben, diejenigen der Ärzte und der Pflegenden auf berufliche Erfolge und Qualifikationen und diejenigen der Gesellschaft auf medizinischen Fortschritt in der neonatalen Intensivmedizin.

Dieser Respekt vor der Würde des Kindes verpflichtet das Behandlungsteam dazu, sowohl seinem gegenwärtigen und zukünftigen Wohl Sorge zu tragen, als es auch vor Übertherapie und der Vereinnahmung durch Fremdinteressen zu schützen. Das Bewusstsein dieser Anwaltschaft gegenüber einem Kind, in dessen Namen stellvertretend Lebensentscheide gefällt werden müssen, führt bei den Behandelnden und Betreuenden oft zu einer grossen persönlichen Entscheidungsnot. Die folgenden Texte, in welchen die Autorinnen und Autoren dieses Buchs ihre persönliche Motivation zur Auseinandersetzung mit ethischen Fragen in der neonatalen Intensivmedizin vorstellen, bringen die Entscheidungsnot in vielfältiger Art und Weise zum Ausdruck. Die Situation des frühgeborenen Mädchens Ayse macht dies überdeutlich.

Ayse – 600 Gramm leicht

Emanuela Erzinger-Manea

Mein erster Eindruck von Ayse deckte sich mit der Vorstellung, die man sich von einem Kind in diesem frühen Gestationsalter (24 4/7 Schwangerschaftswochen) macht: Mit ihren 610 g Gewicht erschien sie uns enorm winzig. Ihre Augen waren noch fest verschlossen und verklebt. Am kleinen Körper waren zahlreiche blaue Flecken und kleinere Blutungen zu sehen. Die Haut war so fein und durchsichtig, dass die darunter liegenden Gefässe gut erkennbar waren. Mit 34 Grad Körpertemperatur war sie deutlich unterkühlt. Das Atmen fiel ihr schwer. Die ersten drei Stunden ihres Lebens ausserhalb der Gebärmutter hatte sie im Gebärsaal auf den Armen ihrer Mutter verbracht. In Begleitung ihres Vaters und ihrer Brüder kam sie danach zu uns auf die Frühgeborenenstation. Auch die Mutter besuchte ihre Tochter wenig später.

Nach meinem ersten Eindruck von Ayse konnte ich der Meinung des restlichen Teams zustimmen, diesem sehr kleineren Frühgeborenen keine massiven Intensivmassnahmen zuzumuten. Ich war sogar erleichtert, dass dem kleinen Wesen die Intubation und wiederholten Blutentnahmen erspart bleiben würden. Im Team kamen wir überein, uns bei Ayse auf die Grundversorgung zu beschränken, das heisst, ihr menschliche Zuwendung, Ernährung, Wärme und wenn nötig Sauerstoff zu geben. So wollten wir sie auf ihrem Weg in den voraussichtlich nahen Tod begleiten.

Wie abgesprochen, legte ich Ayse in einen warmen, mit etwas Sauerstoff gefüllten Brutkasten. Wenn ich sie umbettete, lag sie federleicht in meinen Händen und atmete etwas periodisch aber friedlich vor sich hin. Um die Temperatur anzuheben und zu stabilisieren, ölte ich ihren kleinen Körper ein, zog ihr eine Mütze über und deckte sie zu. Über eine gelegte Magensonde erhielt sie kleine Mengen von Tee. Zur Überwachung des Sauerstoffbedarfs befestigte ich an ihrem Fuss ein Pulsoxymeter.

Da Ayses Vater kein Deutsch sprach, lief die erste Kommunikation über einen der hier aufgewachsenen Söhne. Doch auch ohne

grosse Worte spürte ich die Ängste des Vaters und eine damit verbundene Zurückhaltung, ja Ablehnung bei der Begegnung mit seiner Tochter, die als Nachzüglerin in der Familie und dann noch als zu früh geborenes Kind Familie und Partnerschaft belastete. Gemeinsam mit dem Arzt versuchten wir, mit gezielter Information den Eltern die grösste Angst vor der Technik zu nehmen. Um die erste Annäherung an Ayse zu erleichtern, machte ich ein Foto von ihr, gab es den Eltern mit und ich ermutige sie, ihre Tochter zu streicheln und mit ihr zu sprechen.

Ayse wird ernährt

Wider Erwarten hatte Ayse eine problemlose erste Nacht. Kreislauf und Atmung waren gut, die Temperatur hatte sich stabilisiert. Die Nachtschwester berichtete über eine zeitweise Unruhe, die sie auf ein mögliches Hungergefühl zurückführte. Zweifel an der am ersten Tag gefällten Entscheidung liessen die Schwestern eine Besprechung mit den Ärzten einberufen. Jetzt wo es Ayse so gut ging, kamen wir mit dem Gefühl nicht zurecht, sie hungern zu lassen. Dieses Gespräch führte schlussendlich zur Entscheidung, Ayse trotz alledem eine Infusion zu legen und sie adäquat zu ernähren. Im weiteren Verlauf wollten wir je nach Situation entscheiden.

Wie bei fast allen Frühgeburten stellte sich auch bei Ayse im Alter von 24 bis 48 Stunden zusehends eine periodische Atmung ein. Als die Apnoe-Anfälle häufiger und intensiver wurden und wir Ayse deshalb immer häufiger und massiver stimulieren mussten, beschlossen wir am dritten Lebenstag, trotzdem mit Theophyllin zu beginnen, einem Medikament, das die Atmung unterstützt. Die Eltern und Geschwister kamen regelmässig zu Besuch.

Eine Beziehung entsteht

Als Ayse fünf Tage alt war, glaubte ich, sie schon ein wenig zu kennen, zu spüren in welcher Form sie Unbehagen äussert, wie sie am liebsten liegt und wie sie auf Geräusche reagiert. Von Zeit zu Zeit öffnete sie die Augen und war auch viel lebendiger. Andererseits hatte sie weiter abgenommen und wog nur noch gerade 500 g. Ihre Haut machte uns grosse Sorgen. Sie war an vielen Stellen gerötet und offen. Mit einer Silikonmatte, die wir in den Brutkasten legten, hofften wir, weitere Druckstellen vermeiden zu können. Unvermeidbar wurden nun auch die vermehrten kapillären Blutentnahmen zur Überwachung des Blutzuckers, der chemischen Werte und der Atmung. Trotz Theophyllin mussten wir das Kind zusätzlich vermehrt stimulieren, wozu wir es ständig wecken mussten.

Unsere Beziehung zu ihr wurde von Tag zu Tag intensiver. Auch die Eltern freuten sich immer mehr über ihre kleine Tochter.

Aber ich begann mich auch zu fragen: Ist es überhaupt gerechtfertigt, diesem Kind all diese Eingriffe zuzumuten? Leidet Ayse unter den Massnahmen? Was machen wir, wenn sich die Atmung verschlechtert oder Ayse einen Infekt bekommt? In der Tat fiel es Ayse immer schwerer, eine adäquate Atmung aufrechtzuerhalten: Wir mussten sie vermehrt stimulieren, um sie zum Atmen zu bringen. Also halfen wir ihr weiter, intubierten und beatmeten sie maschinell. Obwohl wir entschieden hatten, uns in diesem Fall auf eine Grundversorgung zu beschränken, waren wir von unserem Vorhaben deutlich abgewichen.

Am zehnten Tag sah Ayse erschöpft aus. Sie hatte Augenringe und ein fahlblasses Hautkolorit. Wegen Verdachts auf eine Darminfektion erhielt sie Antibiotika. Diese Verschlechterung ihres Zustands löste bei den Eltern grosse Spannungen aus. Es war von grossen Problemen und Scheidung die Rede. Am elften Tag ging es Ayse immer schlechter. Der Kreislauf war nicht mehr stabil, und wir mussten die Beatmungsparameter weiter steigern. Im Sinne des Kindes entschieden wir uns, sie von den Schläuchen und Kabeln zu befreien.

Abschied von Ayse

Nach intensiven Gesprächen mit den Eltern durfte Ayse schliesslich im Beisein der ganzen Familie in den Armen ihrer Mutter sterben. In Geborgenheit schlief sie entspannt und friedlich ein. Der Abschied machte uns traurig. Elf Tage hatten wir vergeblich versucht, sie ins Leben zu begleiten. Vor jeder zusätzlichen Massnahme hatten wir uns mit den Ärzten an einen Tisch gesetzt und gemeinsam diskutiert. Die Begegnung mit so kleinen Patientinnen und Patienten und deren Eltern, die daraus entstehenden verschieden starken emotionalen Bindungen, das Wissen um die invasive Medizin und das Leiden, das daraus entstehen kann, und die unterschiedlichen Lebensphilosophien der einzelnen Betreuenden führen in solchen Situationen oft zu Unsicherheiten und Spannungen. War es gerechtfertigt, Ayse all diese Massnahmen zuzumuten? Ist, was medizinisch machbar ist, in einer solchen Situation auch noch sinnvoll? Ayse musste trotzdem sterben.

Wie ich Ayse als „aussenstehender" Arzt erlebte

Kurt von Siebenthal

Immer wieder war ich von Ayses Geschichte beeindruckt und berührt, und als Mitbetroffener war ich gleichzeitig befangen. Die ersten Tage im Leben dieses Kindes hatte ich als „Aussenstehender" erlebt: Als neonataler Neurologe war ich nicht direkt in die Betreuung involviert und nahm nur an den täglichen Visiten teil. (Ich habe in dieser Zeit zu 50% an der Klinik für Neonatologie als neonataler Neurologe und in der Forschung mitgearbeitet und einmal im Monat als Neonatologe Dienst gemacht.) Dabei sah ich Ayse in ihrem Brutkasten liegen, wie sie als kleines Wesen von nicht einmal 500 g zunächst selbst atmete und dann durch Reize über die Haut dazu angehalten werden musste. Ich erlebte, wie sie mit ihren grossen Augen umher schaute und das sanfte Berühren genoss, wie sie ihre Arme und Beine und kleinen Fingerchen bewegte. Sie hatte sich besser an das Leben ausserhalb der Gebärmutter adaptiert als manches Kind, das erst in der 28. Schwangerschaftswoche geboren wird.

Am darauf folgenden Wochenende, als es Ayse schlechter ging und sie verstarb, hatte ich Dienst als neonatologischer Oberarzt. An den Entscheidungen über den Einsatz von neonatalen Intensivmassnahmen zu Beginn der Woche war ich nicht direkt beteiligt gewesen. Erst am Freitag kam ich auf die Abteilung zurück. Ich fand ein schwer krankes Kind vor, das beatmet wurde und um sein Leben kämpfte; aber auch ein Kind, das litt, ein Kind mit Zeichen einer Sepsis, mit schlechtem Kreislauf, einer beginnenden Darmentzündung und schmerzhaft vorgewölbtem Bauch.

An der Seite des Pflegeteams und in Kontakt mit dem Leitenden Arzt der Klinik musste ich mich dem Leiden dieses Kindes stellen. Es lag kein Protokoll über ein ethisches Gespräch vor. Die meisten der Pflegenden betreuten die kleine Patientin erst seit ein oder zwei Tagen. Noch heute – sieben Jahre später – stellen sich mir persönliche und ethische Fragen.

Im Rückblick

Was war überhaupt geschehen? Ein Mädchen war in der 24. Schwangerschaftswoche geboren worden, hatte wider jegliche Erwartung gelebt und geatmet, hatte „in die Welt geblickt", und diese Welt war von seinem Blick angerührt worden. Unter dem Eindruck, dass Ayse leben wollte, waren wir nach und nach von dem anfänglich besprochenen Weg abgewichen. Wir hatten uns dabei auch nicht an die in unserer Klinik bis anhin geltenden Richtlinien über die Anwendung neonataler Intensivmassnahmen gehalten. (Die in diesem Buch beschriebene Gesprächsstruktur stand uns noch nicht zur Verfügung.)

Das Team hatte entschieden, Ayse Wärme und Flüssigkeit zukommen zu lassen, jedoch jegliche Interventionen zu vermeiden, die mit Leiden verbunden sind. Doch nach einigen Tagen hatte sich die Situation verändert. Das Kind hatte zunächst selbständig geatmet und eine gute Blutzirkulation aufgebaut, war dann jedoch ermüdet oder hatte sogar einen Infekt.

Mussten wir ihm nicht die gleiche Unterstützung bieten wie einem Kind mit höherem Gestationsalter bei der Geburt? Was wussten wir über die Variabilität der einzelnen Organe mit einem Gestationsalter von 24 4/7 Schwangerschaftswochen? Wenn die Gesetze der Biologie und späteren Entwicklung gültig sind – es gibt keine Hinweise darauf, dass sie es nicht wären –, sind sowohl das einzelne Individuum zu einem bestimmten Zeitpunkt, aber auch seine einzelnen Organe unterschiedlich reif. Das ist in der einschlägigen Literatur nachzulesen, und auch eigene Daten bezeugen diese Tatsache.

Fragen über Fragen

Was nützen also allgemeine Richtlinien und Strukturen? Wie gehe ich mit unteren Grenzen der Unreife um, wenn die Reife individuell so unterschiedlich sein kann? Ist nicht jedes Kind in einer solchen Extremsituation individuell zu beurteilen und in seinem sozialen Kontext zu sehen? Ist es nicht viel gerechter, das Kind seinen Weg bestimmen zu lassen, statt sich am Anfang schon zum Richter über Leben und Tod aufspielen zu wollen? Ist es aber nicht später viel schwieriger, einen Entscheid zu fällen, wenn eine Beziehung zum Kind und den Eltern aufgebaut worden ist? Ist es nicht unfair, dass ich am Ende, als nur am Rand Beteiligter, den schwierigen Entscheid zu treffen und zu verantworten hatte und so den eingeschlagenen Weg zusammen mit den andern Betreuenden, vor allem den Pflegenden, „ausbaden" musste? Ist das Leiden zu rechtfertigen, das wir Ayse zugemutet hatten, in dem Wunsch, sie am Leben zu erhalten? Musste ihr diese Chance geboten werden? War es überhaupt eine ehrliche Chance, vor dem Hintergrund der Entscheidung, keine Intensivmassnahmen anzuwenden und sie damit sterben zu lassen? Hatten wir eine optimale Therapie geboten, oder war es eine Kompromisslösung, die zur Situation am Ende geführt hatte? War die verlängerte Überlebenszeit für die Eltern, vor allem für den Vater, notwendig, damit er sein Kind, ein Mädchen, annehmen und so auch gehen lassen konnte? Oder wurde im Gegenteil dieser Prozess durch die eingesetzten technischen Geräte und Hilfsmittel am Ende stark eingeschränkt?

Welchen Preis hatte dieses Kind mit einer Überlebenschance von 10–20 % für die wenigen Tage seines Lebens zahlen müssen? Und wie lässt sich das Risiko rechtfertigen, dass ein solches Kind im Überlebensfall später wegen leichten Entwicklungsbeeinträchtigungen mit 50%iger Wahrscheinlichkeit Schulprobleme haben wird? Wie gehen wir mit der grossen Variabilität bezüglich Entwicklung und Mortalität um, die in den einzelnen Studien beschrieben sind? Doch wer gibt uns das Recht, über Leben und Tod zu entscheiden? Müssen wir nicht die Mittel anwenden, die uns gegeben sind? Wer definiert „Schaden" oder „Nutzen"? Wer kann abschätzen, wie viel Leid einem Kind und seinen Eltern zumutbar ist?

Fragen über Fragen, die in unseren alle drei Wochen stattfindenden Sitzungen diskutiert wurden und zum Modell der ethischen Güterabwägung und Entscheidungsfindung geführt haben.

Die Klinik für Neonatologie in Zahlen

Die Klinik für Neonatologie liegt auf dem gleichen Stockwerk wie die Gebärabteilung der Frauenklinik des Universitätsspitals Zürich (USZ). Von den etwa 2000 Geburten pro Jahr – oft sind es vorgängige Risikoschwangerschaften – werden etwa 600 Kinder (500 in der Frauenklinik geboren, 100 in auswärtigen Gebärkliniken) mit neonatalen Problemen hospitalisiert. Überwiegend handelt es sich um Frühgeburten, das heisst um Kinder, die vor der vollendeten 36. Schwangerschaftswoche geboren wurden. 43% sind zwischen der 32. und 37., 15% zwischen der 28. und 32. und 10% Prozent vor der 28. Schwangerschaftswoche auf die Welt gekommen.

Zurzeit bietet die Abteilung acht Intensivbetten mit der Möglichkeit der maschinellen Beatmung, acht Betten für Kinder mit mittelschweren Komplikationen und acht Betten, in denen die Kinder bis zur Entlassung betreut werden.

Die Abteilung untersteht dem Klinikdirektor und einem Leitenden Arzt. Fünf Oberärzte und fünf Assistenzärztinnen arbeiten auf der Abteilung – zusammen mit 40 Pflegenden, denen eine Oberschwester mit ihren Stellvertreterinnen vorsteht.

Warum ich mich im medizin-ethischen Arbeitskreis Neonatologie engagier(t)e
Die Mitglieder des ethischen Arbeitskreises stellen sich vor

Diego Mieth, Leitender Arzt

Die Betreuung von kranken und unreifen Neugeborenen hat in den letzten Jahrzehnten einen atemberaubenden Wandel durchgemacht, den ich in fast 35 Jahren neonatologischer Klinik als Leitender Arzt zum grossen Teil miterleben durfte. Im Rückblick bleibt bei aller Verwunderung über das Erreichte doch ein Gefühl von kritischer Nachdenklichkeit und Sorge.

Neue Erkenntnisse und die Einführung neuer Technologien haben die Neugeborenensterblichkeit in einem nie dagewesenen Ausmass gesenkt. Immer neue technische Möglichkeiten haben unser Selbstvertrauen gestärkt und zur Vorstellung geführt, dass fast alles machbar ist.

Unsere Ansprüche an die medizinische Betreuung sind ständig gewachsen und haben sich immer mehr auf lebensunfähige, unreife Frühgeborene ausgeweitet. Das kleine Frühgeborene ist die Latte geworden, an der sich die Qualität eines Neonatologen oder seiner Abteilung misst. Und doch will uns dieser Fortschritt nicht so ganz gefallen, sehr oft fühlen wir uns nicht wohl dabei. Immer häufiger wird uns die Unzulänglichkeit vieler unserer Intensivmassnahmen bewusst. Wie in anderen Bereichen unserer hochspezialisierten Welt sind auch die Neonatologen mit ihren selbst erzeugten Risiken konfrontiert. Inzwischen beginnen wir zu begreifen, dass auch kleinste Frühgeborene nicht nur eine kleine physikalisch-chemische Fabrik sind, die Wärme, Sauerstoff und Nahrung benötigt. Wir realisieren, dass auch sie Geschöpfe mit einem ungeahnten Wahrnehmungspotenzial an Empfindungen wie Schmerz, Geschmack, Geruch und Hautkontakt sind. Diese Wahrnehmungen spielen eine Schlüsselrolle für die Mutter-Kind-Beziehung und die weitere Entwicklung des Kindes. Sie verleihen auch diesen kleinsten Kindern eine Würde, die wir zuvor aus unserer rein biologischen Optik nicht wahrzunehmen fähig waren.

Trotz neuer Erkenntnisse ist unser Unwissen in vielen klinischen Alltagsproblemen noch immer sehr gross: Welches ist zum Beispiel die Ursache der Frühgeburtlichkeit? Wie kommt es zur einer nekrotisierenden Enterokolitis (einer zerstörenden Schleimhautentzündung des Dünn- und Dickdarms), wie zu Leukomalazie (Hirnschädigung nach einer Mangeldurchblutung)? Wie schädigend wirken sich Apnoe-Anfälle aus?

Alte Probleme und Fragen werden durch neue ersetzt. Kurzfristige Erfolge auf der Neonatologie-Abteilung werden mit späteren Behinderungen bezahlt, zum Beispiel mit chronischen Lungenerkrankungen, Seh- und Entwicklungsstörungen. Die Aussicht auf ein gesundes, autonomes Leben wird für sehr kleine unreife Frühgeborene nicht zur Regel, sondern bleibt eine Ausnahme!

Ist der Weg zur Lösung dieses Dilemmas noch mehr Forschung? Müssen die Behandlungstechniken in der Beatmung, Kreislaufunterstützung oder Pharmakotherapie noch weiter perfektioniert werden? Welche Antworten erwarten unsere kleinsten Frühgeborenen und Ihre Familien von uns?

Der Lebenserhalt als oberste Maxime und die Flucht in eine immer intensivere Medizin sind Ausdruck einer defensiven Ethik und stellen einen Mangel an Verantwortungskompetenz und Entscheidungswillen bei vielen Ärzten und in vielen Institutionen dar. Ist es nicht an der Zeit, unsere neonatologischen Ziele neu zu definieren?

Diese sehr komplexen Fragen überschreiten die Perspektive und den Verantwortungsbereich eines Neonatologen. Es war uns bewusst, dass wir die ethischen Wertvorstellungen von Menschen aus anderen Disziplinen heranziehen müssen, um zu einer besseren Urteilsbildung zu gelangen.

Literatur

Goldworth A., Silverman W., Stevenson D., Young E.: Ethics and Perinatology. Oxford University Press, 1995.
Wildavsky A. (Ed Knowles J.H. Norton New York, 1977): Doing better and feeling worse; the political pathology of health policy.
Kohler G.: Wir sind uns selber in die Hände gefallen. Magazin Uni Zürich 3/00; Bulletin ETHZ 279.

Emanuela Erzinger-Manea, Gruppenleiterin Pflege

Ich begann vor vielen Jahren als junge, direkt von der Ausbildung kommende Kinderkrankenschwester auf der Neonatologie zu arbeiten. Das Erlernen der Pflege von Intensivpatienten nahm mich sehr in Anspruch, und erst mit der Zeit fand ich die Ruhe und den emotionalen Raum, mich intensiver mit den ethischen Problemen, den Eltern unserer Patienten und der Sterbebegleitung auseinanderzusetzen.

Ein Kind leiden zu sehen, zwingt mich immer wieder, mich mit meinen eigenen Schmerzen und mit dem eigenen Sterben zu konfrontieren. Einen Patienten zu verlieren tut weh, und ich brauchte Zeit, mich mit diesen schwierigen Lebenssituationen vertraut zu machen.

In ein Team eingebettet zu sein, das die Entscheidungen fällt und die Verantwortung dafür übernimmt, gab mir lange Zeit Sicherheit und Halt. Doch je länger ich auf dem Gebiet der Neonatologie arbeitete und je mehr Patienten ich sterben sah, desto öfter hinterfragte ich unsere Entscheidungen. Vor allem aber machte ich mir Gedanken über die Haltung, die ich bei diesen Entscheidungen einnahm. Immer mehr wurde ich mir der Mitverantwortung bewusst, die ich auch in ethischer Hinsicht als Pflegende für die Betreuung dieser Kinder und ihrer Eltern trage. Vor allem bei Entscheidungen über Leben und Tod machte ich mir Gedanken über den Stellenwert meiner moralischen Verantwortung.

Da ich als Pflegende viel Zeit mit den Kindern verbringe und dadurch eine grössere emotionale Bindung als der Arzt zum Kind und seinen Eltern aufbauen kann, ist es mir möglich, Angaben über ein Kind und seine Familiensituation zu machen, die eine ethische Entscheidung mit beeinflussen können. Schlussendlich trage ich einen solchen Entscheid mit und übernehme als Pflegende einen grossen Teil der Betreuung der Kinder und der Begleitung ihrer Eltern.

Zusätzlich wurde ich am Ethik-Forum des Universitätsspitals Zürich, wo wir unsere Abteilung mit ihren spezifischen ethischen Problemen anhand eines Rollenspiels vorstellten, mit einer Vielfalt von Reaktionen und Argumenten konfrontiert, welche mich zusätzlich zum Nachdenken brachten.

Das Klima einer Abteilung sollte es ermöglichen, jede ethische Konfliktsituation ohne vorgefasste Meinungen offen und frei diskutieren zu können, bis ein allgemeiner Konsens im Team gefunden wird. Es schien mir wichtig, mich diesen Fragen zu stellen und nach Lösungen zu suchen, wie das im klinischen Alltag umgesetzt werden könnte.

Kati Hübner, Spitalseelsorgerin

Nach meinem Theologiestudium war ich zunächst zehn Jahre Pfarrerin in einer Gemeinde. Ein besonderes Interesse an Seelsorge und eine diesbezügliche Zusatzausbildung liessen mich dann eine Stelle in einem Krankenhaus suchen. Seit zwanzig Jahren arbeite ich nun im reformierten Pfarramt des Universitätsspitals Zürich. Drei weitere Kollegen teilen sich mit mir hauptamtlich diese Aufgabe. Als Frau war mir von Anfang an die Frauenklinik zugeteilt. Seit vielen Jahren bin ich dort Mitglied der Ethikkommissionen Gynäkologie und Geburtshilfe.

Zur Ethik bei Frühgeborenen kommt mir ein Erlebnis aus meinen ersten Jahren hier im Spital in den Sinn. Es war in den Achtzigerjahren. Die Gebärabteilung rief mich zu einer Taufe. Das Kind lag allein im Nebenzimmer unter einer Wärmelampe. Es war sehr klein, ganz blau, aber es lebte noch. Die Mutter mochte ihr Kind nicht sehen. So taufte ich es nur in Gegenwart des Vaters auf dem Tisch, auf dem es wohl seit seiner Geburt lag. Es dem Vater in die Arme zu legen, getraute ich mich nicht. Wir beteten noch zusammen. Dann fühlten wir beide, dass wir jetzt hier nicht einfach weggehen konnten. Wir blieben lange.

Irgendwann schwirrte hinter uns eine Ärztin vorbei und zischte etwas. Offenbar fand sie es scheusslich, dass wir immer noch bei dem Kind standen. Ich kam mir ziemlich fehl am Platz vor, und doch wusste ich, dass unser Bleiben richtig war und das einzig Menschliche, das wir für dieses Kind noch tun konnten.

Seither sind viele Jahre vergangen. Vieles hat sich geändert, nicht nur im Gebärsaal, auch auf der Pränatalstation, in der Neonatologie, bei der Geburtsvorbereitung und im Wochenbett. Schon rein medizinisch ist vieles möglich geworden, was damals noch nicht möglich war.

Auch das Bewusstsein der Frauen hat sich verändert. Die Mütter auf der Pränatalstation lassen eine viel tiefere Beziehung zum Kind zu. Die Mutter-Kind-Beziehung wird gepflegt und gefördert, schon vor der Geburt, während der Geburt und danach. Man hat erkannt, dass ein aktives Durchleben und Durchleiden des Dramas, wenn ein Kind gefährdet ist oder gar stirbt, allen Beteiligten eher hilft als Verdrängen und Totschweigen.

Durch diese Entwicklung konnte ich mein seelsorgerliches Begleiten auf diesen Stationen mehr und mehr integrieren. So bin ich regelmässig präsent auf der Pränatalstation. Hier erlebe ich viele Frauen oft über Wochen oder Monate bis zur Geburt. Aussenstehende haben kaum eine Ahnung, was in diesen Wochen an psychischer Arbeit und Schwerarbeit geleistet und bewältigt werden muss. Von einer Stunde auf die andere herausgerissen aus Familie oder Berufsleben, gesund im Bett, daheim vielleicht ein zweijähriges Kind, aller normalen Vorfreude auf das Baby beraubt, statt dessen vierundzwanzig Stunden pro Tag buchstäblich mit Hoffnung und Sorge und der Frage beladen, ob das werdende Kind all die lauernden Klippen meistert.

Es führte zu weit, in Einzelheiten zu gehen. Ich bin einfach in Gesprächen auf dieser Station immer beeindruckt, was sich bei diesen Frauen alles tut, wieviel Entwicklung, wieviel Reife geschieht, wieviel Weisheit entdeckt wird, wieviel Mut und Kraft da ist.

Nicht wenigen dieser Frauen begegne ich dann noch einmal auf der Neonatologie, wenn sie geboren haben. Viele dürfen erleben, wie lebenskräftig ihr Kind schon ist, obwohl es zu früh auf die Welt gekommen ist. Die Sorge freilich fällt erst von ihnen ab, wenn sie ihr Kind wirklich zur Spitaltüre hinaus und nach Hause tragen dürfen. Für einige von diesen Müttern und Vätern fängt aber dann das Sorgen und Hoffen noch einmal von vorn an. Plötzlich sind wieder neue grosse und bedrohliche Schwierigkeiten da. Wird ihr Kind auch diese meistern? Die Intensität des Sorgens und Fragens ist jetzt, wo das Kind da ist, noch um Einiges grösser. So nahe ist das Glück, so sichtbar und greifbar, und doch auch fern, ungewiss, belastet.

Über die Mütter kam ich in näheren Kontakt mit der Neonatologie, mit den dort liegenden Kindern, und mit den dort arbeitenden Pflegenden, Ärztinnen und Ärzten. Ich begleitete Mütter zu ihren Kindern. Ich wurde gerufen, ein meist sterbendes Kind zu taufen oder den Eltern in ihrem schweren Abschied beizustehen. Ich ging auch sonst durch die Abteilung. Und ich staunte, wieviel Liebe, Mitgefühl und Betroffenheit ich hier antraf, oft inmitten von vielen Apparaten und winzigen Schläuchen. Ich war beeindruckt von dem grossen fachlichen und ebenso grossen menschlichen Engagement. Ich spürte den Respekt vor den Grenzen des Menschenmöglichen und – damit verbunden – auch den Respekt vor den Grenzen des Leidens. Bis zum heutigen Tag berührt mich ungeschmälert das tiefe Leid von Eltern, die ihr Kind gerade erst empfangen haben und es schon wieder hergeben müssen. Gerade dieses Leid aber liess mich auch die grosse Verantwortung ahnen, die die dort Arbeitenden tragen. Wenn ich ehrlich bin, dann war ich insgeheim auch ganz froh, in diese Verantwortung nicht eingebunden zu sein.

Im Frühjahr 1994 kam die Anfrage an mich heran, ob ich im neu gegründeten medizin-ethischen Arbeitskreis der Neonatologie mitmachen würde. Als Spitalseelsorgerin und -seelsorger erlebt man nicht jeden Tag, dass man von einer Arbeitsgruppe des Spitals zur Mitarbeit eingeladen wird. Darum war für mich schon allein diese Anfrage motivierend. Aber in die Freude über diese ‚Ehre' mischte sich auch Angst. Sollte ich bezüglich Verantwortung doch nicht mehr so kneifen können wie bisher? Was kam da auf mich zu? Was wusste ich denn über die medizinischen Probleme der Behandlung von Frühgeborenen? Was wusste ich von Ethik? Würde man von mir als Theologin fertige Antworten erwarten?

Mir wurde bewusst, dass ich in diesem Arbeitskreis vor allem Lernende sein würde. Dass ich hier nicht anders mitmachen könnte als wie ich sonst seit Jahr und Tag meinen Beruf ausübe: nicht mit fertigen Antworten ausgerüstet, sondern mit andern zusammen die Fragen suchend, die Fragen benennend, die Fragen aushaltend, bis sich Antworten andeuten, bis sich Wege zeigen, bis Vertrauen wächst, bis Wissen da ist. Ja, so würde ich mitmachen können. So lockte es mich auch, mitzumachen.

Später zeigte sich, wie wichtig dieser Ansatz für uns alle ist. Ethische Fragen bei Frühgeborenen enthalten immer beide Anteile: Wissen und Nichtwissen. Wenn man nicht zu Beidem klar steht, werden ethische Entscheide fatal.

Sehr motivierend war für mich auch mein Erfahrungshintergrund: all die Begegnungen mit werdenden Müttern, mit lebenden und sterbenden Kindern, mit deren Eltern, mit dem Team auf der Neonatologie-Station. Ich erhoffte mir, selber noch klarer zu reflektieren über das Erlebte und die damit verbundenen Fragen. Mich interessierte, wie Ethik im Spital konkret wird; ob sie für alle Beteiligten Grundlagen und Hilfestellungen bieten kann, wenn es darum geht, schwierige Entscheide zu fällen. Ich war neugierig, was ich von meinen Erfahrungen und von meinem Fach her als Seelsorgerin und Theologin dazu beitragen könnte. Kurzum wünschte ich für mich und für uns, dass wir alle durch unser Sitzen an einem gemeinsamen Tisch noch bewusster Verantwortung wahrnehmen, tragen und notfalls er-leiden können, wenn es um so junges, kraftvolles, aber auch gefährdetes und ungeschütztes Leben geht.

Kurt von Siebenthal, Oberarzt

Als Mediziner lag das Schwergewicht meiner ärztlichen Ausbildung auf dem Fachgebiet der Neonatologie, die sich der Sorge für das Neugeborene, vor allem für das Frühgeborene, und der Entwicklungsneurologie widmet. Seit meiner Rückkehr von einem Auslandsaufenthalt Anfang der Neunzigerjahre arbeitete ich zu 50 Prozent an der Klinik für Neonatologie des Zürcher Universitätsspitals und zu 50 Prozent an der Abteilung für Wachstum und Entwicklung des Kinderspitals Zürich.

Im Verlauf meiner beruflichen Laufbahn bin ich somit einerseits im Gebärsaal gestanden, um häufig einem extrem unreifen Neugeborenen mit nur 700 g Geburtsgewicht ins Leben zu verhelfen. Andererseits konnte ich diese Kinder und ihre Eltern auf ihrem Lebensweg nach der Entlassung aus der Klinik beobachten. Ich erlebte dabei riesige Überraschungen an Kindern, die eine leidensvolle Zeit mit vielen Komplikationen hinter sich hatten und sich trotzdem prächtig entwikkelten. Viele der überlebenden Frühgeborenen zeigten lediglich geringe entwicklungsneurologische Auffälligkeiten. Doch viele waren scheu, ängstlich und hatten wenig Selbstvertrauen. Ich begegnete jedoch auch Kindern, mit schweren Entwicklungsbeeinträchtigungen, was allerdings glücklicherweise selten ist.

Oft war es schwierig, sich in diesem Spannungsfeld zurecht zufinden. Die Erfahrungen durch die Nachkontrollen erweckten den Wunsch nach Leitplanken und haben mich für ethische Fragen sensibilisiert. Die Entwicklung dieser Kinder wird später in diesem Buch dargestellt. An dieser Stelle möchte ich nur vorwegnehmen, was mich am meisten beeindruckt hat: Viele Studien weltweit (darunter auch unserer eigenen) zeigen, dass neben dem sozioökonomischen Umfeld die Unreife am meisten Einfluss auf die spätere Entwicklung hat. Je niedriger die Schwangerschaftswoche, in der das Kind geboren wird, desto höher das Risiko für eine spätere entwicklungsneurologische Schädigung. Dies betrifft alle Organsysteme, vor allem aber das Gehirn. Auf der anderen Seite gilt, je besser das spätere Umfeld eines dieser Kind ist, desto besser wird es mit seinen Beeinträchtigungen einmal umgehen können.

Damit werden viele Fragen aufgeworfen: Was zum Beispiel bedeutet es für mich, wenn ich am Wochenende Dienst habe und der Geburtshelfer ankündigt, dass Zwillinge nach 24 Schwangerschaftswochen und fünf Tagen geboren werden? Wie gehe ich mit dem Druck der Pflegenden um und den teils versteckten Vorwürfen, dass wir Ärzte entweder zu viel machen und unsere Verantwortung nicht wahrnehmen, oder aber dass wir zu wenig unternehmen, damit diese Kinder überleben? Wie gehe ich um mit den grossen Erwartungen der Eltern an mich, respektive an das medizinisch-therapeutische Können? Wie beeinflusst mich die Haltung der Gesellschaft, in der ich lebe, die Erwartung, dass alles machbar ist?

Wie gehe ich mit meinen eigenen Erfahrungen um? Wenn ich in einer Nachuntersuchung ein Kind gesehen habe, das nach einer Frühgeburt unter einer schweren Entwicklungsstörung leidet, zum Beispiel unter einer schweren Bewegungsstörung und Blindheit? Haben diese einen Einfluss auf mein Handeln und auf die Entscheidung, ob bei einem sehr unreifen und kranken Frühgeborenen die Intensivmassnahmen eingestellt werden sollen? Wie schütze ich das Kind und seine Eltern vor Machtmissbrauch und Willkür? Bin ich als Mediziner in ethischen Fragen überhaupt kompetent, ohne eine Ausbildung in medizinischer Ethik besucht zu haben?

All diese Fragen liessen in mir den Wunsch aufkommen, mehr über ethisches Denken und Handeln zu erfahren. Nur vage erinnerte ich mich an Stellungnahmen von ethischen Kommissionen und Organisationen, die mir häufig zu philosophisch waren und schwierig in meinen Alltag übertragbar schienen. Sicher war mit meinem Wunsch, mich im medizin-ethischen Arbeitskreis Neonatologie zu engagieren auch die Erwartung verbunden, die getroffenen Entscheidungen mit Menschen, die mehr von Ethik verstehen als ich, zu diskutieren und zu reflektieren. Letztlich erhoffte ich möglicherweise auch Bestätigung, vielleicht gar „Absolution" für mein Handeln zu erhalten.

Die Tatsache, dass die eigene Lebenserfahrung und der Kontext, in dem wir leben, Entscheidungen wesentlich prägen, war für mich zusätzlich motivierend, die Diskussion mit den Pflegenden und anderen Fachleuten zu suchen. Meine Fragen und Aspekte aus der neonatologischen Tätigkeit, aber auch mein Teilhaben an der Entwicklung der Kinder liessen mich nach Wegen suchen, wie ich am besten meine ärztliche Verantwortung wahrnehmen und dabei die Fehlermöglichkeit und den Missbrauch von Willkür und Macht einschränken kann. Der Weg, den wir gewählt haben, um mit diesen für mich so existenziellen Fragen umzugehen, ist ein gewichtiger Teil dieses Buches. Die bisherigen Erfahrungen mit unserem Modell zeigen aber auch, dass wir noch immer am Anfang stehen. Ich bin gespannt, wohin unser Weg führen wird. Gleichzeitig hege ich den Wunsch, dass einige Gedanken in diesem Buch auch für andere Menschen von Nutzen sein mögen, die sich in der Auseinandersetzung mit solchen und ähnlichen ethischen Fragen befinden.

Ruth Baumann-Hölzle, Ethikerin

Mein Interesse an der klinischen Ethik war vor dem Hintergrund von eigenen Erfahrungen als Patientin gewachsen. Wie ist es Menschen im Gesundheitswesen möglich, ihr Personsein zu leben? Wann kippt es? Wann werden die Menschen zur Sache? Das sind Fragen, die mich seither beschäftigen. Sie ziehen sich auch wie ein roter Faden durch die Geschichte der Medizin- und Pflegeethik.

Als Theologin promovierte ich 1989 mit einer Arbeit zur Human-Gentechnologie im Kontext der modernen Gesellschaft. Sie war das Produkt eigener Forschungstätigkeiten zur Bioethikdebatte in den USA. Seit meiner Rückkehr in die Schweiz arbeite ich unter anderem mit interdisziplinären Gruppen an verschiedenen Kliniken im Kanton Zürich und beschäftige mich sowohl in Theorie und Praxis mit ethischen Fragen des Gesundheitswesens. Im Kontext dieser Arbeit kam es 1994 zur Gründung des „Medizin-ethischen Arbeitskreises Neonatologie" am Universitätsspital Zürich (USZ). Dieser Arbeitskreis ist eine Arbeitsgruppe des Ethik-Forums USZ, welches seit 1990 besteht.

Am Anfang meiner Arbeit mit dem medizin-ethischen Arbeitskreis Neonatologie stand die Frustration über die Art der Auseinandersetzung innerhalb der ethischen Literatur mit den Entscheidungsproblemen in der neonatalen Intensivmedizin. Weder der Ansatz der „Heiligkeit des Lebens", der zu einem masslosen Einsatz aller medizintechnischen Möglichkeiten zwingt, noch derjenige des Utilitarismus, welcher menschliches Leben nach Nützlichkeitskriterien abzuwägen versucht, führen meiner Ansicht nach zu Behandlungen und Betreuungen, welche den Kindern angemessen sind. Ich wollte deshalb wissen, wie die Menschen im klinischen Alltag konkret mit diesen Fragen und Problemen umgehen und wie sie Entscheidungen treffen.

Zusammen mit dem Neonatologen PD Dr. Christian Kind organisierte ich im Herbst 1993 im Rahmen der Schweizerischen Gesellschaft für biomedizinische Ethik die Tagung „Lebensfähig um welchen Preis? Ethische Probleme der neonatalen Intensivmedizin" in St. Gallen. Ich war froh darüber, als Organisatorin kein Referat zu den ethischen Fragen halten zu müssen, denn was hätte ich vom Schreibtisch aus auch sagen wollen?

An der Tagung war ich beeindruckt, wie sehr die Situation dieser Kinder die Ärztinnen und Ärzte und die Pflegenden beschäftigt und wie gross ihr persönliches Ringen um eine dem Kind angemessene Behandlung und Betreuung ist. Ihre Unsicherheiten und Überforderungen in Bezug auf die medizin-ethische Urteilsbildung zeigten sie ohne zu beschönigen und legten ihre Entscheidungsnot offen dar. Entsprechend hoch war deshalb die Motivation der an der Tagung Beteiligten vom Universitätsspital Zürich, am Problem der Urteilsbildung zu arbeiten. So kam es 1994 zur Gründung des medizin-ethischen Arbeitskreises Neonatologie. Er ist interdisziplinär zusammengesetzt aus drei Pflegenden, drei Medizinern, einer Spitalseelsorgerin und mir als Ethikerin.

Silvia Rauch, Stationsleiterin Pflege

Ich arbeite seit 1976 auf der Abteilung für Neonatologie am Universitätsspital Zürich und habe die Entwicklung dieses Fachgebiets miterlebt. Die Veränderungen, die die Neonatologie in all den Jahren durchmachte, waren nicht aufzuhalten. Meine Arbeit an der Isolette oder am Bett der kleinen Patienten ist geprägt durch die medizinischen und technischen sowie durch die pflegerischen Fortschritte. Seit 1992 bin ich in der Funktion als Stationsleiterin tätig.

Im Laufe meiner Berufsarbeit wurde ich ständig mit ethischen Fragen konfrontiert. Bewusst wurde mir das anlässlich einer Tagung der Schweizerischen Gesellschaft für biomedizinische Ethik unter dem Thema „Lebensfähig um welchen Preis? Ethische Probleme der neonatalen Intensivmedizin" im Jahr 1993 in St. Gallen. An dieser Fortbildung wurde dargestellt, welchen Stellenwert Ethik im Alltag hat. Unser Tun und Handeln oder auch Unterlassen bekamen einen Namen. Unsere Arbeit wurde in Frage gestellt.

Fast gleichzeitig wurde ich von der Schweizerischen Akademie der Medizinischen Wissenschaften angefragt, in einer Arbeitsgruppe medizinisch-ethische Richtlinien über die Transplantation fötaler Gewebe auszuarbeiten. Das war für mich eine neue Herausforderung und gleichzeitig eine Chance, als Pflegende meine Meinung zu vertreten. Zudem lernte ich ein neues Gebiet kennen und erlebte eine interessante interdisziplinäre Zusammenarbeit. Beides forderte mich sehr. Die Diskussionen und Aspekte anderer Berufszweige beeindruckten mich, war doch meine Sichtweise stark von den Ärzten geprägt. Hier lernte ich andere Werte kennen und erweiterte meinen Horizont, hinterfragte vieles und wurde mir meiner Verantwortung bewusst. Neue Fragen wurden aufgeworfen. Das Gebiet kam mir plötzlich sehr komplex vor. Je mehr ich mich darin vertiefte, desto interessanter und schwieriger wurde es. Ich wollte mehr lernen, denn ich wurde mir meiner Defizite gewahr. Wichtig und nützlich für mich war vor allem die interdisziplinäre Arbeitsgruppe mit Ethikern, Medizinern, Biologen, Juristen und Vertretern anderer Berufszweige. So bin ich in die Ethik „hineingerutscht" und lernte dabei viel.

Als dann hier auf der Neonatologie-Abteilung eine interdisziplinäre Arbeitsgruppe gegründet wurde, wollte ich dabei sein, denn hier sah ich eine Chance, meiner praktischen Tätigkeit einen theoretischen Bezug zu geben und sie damit mehr legitimieren zu können. Das Zusammenspiel von Theorie und Praxis war für mich eine wichtige Voraussetzung zur Mitarbeit, denn ich wollte mich nicht in einem Gremium mit ethischen Theorien und intellektuellen Fragen weit weg von der Praxis befassen. Die Beschäftigung mit ethischen Fragen sollte mir helfen, moralisch vertretbares Handeln auf der Abteilung umzusetzen und die Anliegen der Pflegenden zu vertreten.

Diese beiden Anliegen waren und sind noch heute meine obersten Prioritäten. Mit diesem Antrieb und der Motivation, Neues zu lernen, stieg ich in diese Gruppe ein und sah darin einen beruflichen und persönlichen Vorteil.

Für mich ist eine interdisziplinäre Arbeitsgruppe eine Bereicherung und eine Herausforderung. Es ist interessant und spannend, wenn verschiedene Berufsgruppen ein Thema gemeinsam bearbeiten. Angewandte Ethik betrifft ja immer verschiedene Berufszweige. Statt dass sich jede einzelne Berufsgruppe mit einem bestimmten Thema auseinandersetzt, sehe ich in dem gemeinsamen Austausch eine grosse Chance. Ich achte deshalb bei Fortbildungen auf die Zusammensetzung und wenn immer möglich bevorzuge ich solche, wo die Interdisziplinarität gewährleistet ist. So waren neben dem medizin-ethischen Arbeitskreis Neonatologie auch die Arbeitsgruppe der Schweizerischen Akademie der Medizinischen Wissenschaft und die Fortbildungen an der Sommerschule für Medizinische Ethik in Bellinzona für mich bereichernde Erfahrungen. Viele Impulse fliessen aus solchen Begegnungen in meinen Pflegealltag ein. Einige Aspekte sehe ich nicht mehr so eng oder aus einem anderen Blickwinkel.

Neonatologie und Ethik
Die Biographie
eines unvermeidlichen Zusammentreffens

Gabriel Duc

Seit dem Altertum setzen sich die Mediziner mit der moralischen Verantwortung ihren Patienten gegenüber auseinander. Davon zeugen die zahlreichen Verhaltenskodizes, die im Verlauf der Jahrhunderte auf der Grundlage des Hippokratischen Eids und der Ethik als Pflichtenlehre formuliert wurden.

Seit den Sechzigerjahren hat die Entwicklung der medizinischen Technik im Zusammenhang mit der menschlichen Reproduktion, insbesondere die Möglichkeit der Reanimation vitaler Funktionen durch „Maschinen", zur Suche nach einer neuen Formulierung dieser Verantwortung geführt. Diese Suche hat sich in den vergangenen 30 Jahren in einem neuen Kapitel angewandter Ethik niedergeschlagen, der Bioethik.

Zur Zeit meiner Medizinstudien gab es diese Disziplin noch nicht. Heute beschäftigen sich nicht nur die Theologen, Philosophen, Biologen und das Personal im Gesundheitswesen mit diesen Fragen, sondern die gesamte Bevölkerung, die immer wieder zu Stellungnahmen aufgerufen wird, wenn es um kontroverse Themen geht, von denen sie direkt betroffen ist.

Warum wirft der medizinische Fortschritt in den letzten Jahren kontinuierlich neue ethische Fragen auf? Wieso können sich die Ärzte immer weniger auf die Lösung der biologischen Probleme ihrer Patienten beschränken, sondern müssen gleichzeitig auch die Folgen ihres Handelns für Patienten und Gesellschaft mit bedenken?

Ich hatte im Verlauf der letzten 30 Jahre das Privileg, Zeuge der Einführung von Reanimations- und Beatmungsmethoden zu werden, auf der die moderne Neonatologie heute beruht, und konnte selbst dazu beitragen. Die nachfolgende chronologische Beschreibung dieser Ereignisse – meiner eigenen erlebten Erfahrungen im Verlauf dieser Jahre –

soll zum Verständnis beitragen, warum dieser medizinische Fortschritt in erster Linie eine ethische Herausforderung darstellt, die beantwortet werden muss.

Wie die Neonatologie begann

In den Fünfzigerjahren spielte die Medizin des Neugeborenen eine untergeordnete Rolle im Curriculum der Ausbildung eines Pädiaters. An der Universitätskinderklinik Bern, wo ich in den Jahren 1962 bis 1967 meine Ausbildung als Kinderarzt absolvierte, gab es keine Abteilung für kranke Neugeborene. Erst in den Sechzigerjahren setzte sich die Erkenntnis durch, dass ein Unterschied besteht zwischen der Pathologie der neonatalen und der Pathologie der pädiatrischen Erkrankungen, was schliesslich zum Spezialgebiet Neonatologie führte.

Krankheiten bei Neugeborenen stehen meist in Zusammenhang mit Anpassungsstörungen des Herz-Lungen-Systems an das Leben ausserhalb der Gebärmutter, die zu Hirnschädigungen führen können. Aus diesem Grund suchte man zu jener Zeit nach neuen Behandlungsmethoden. So wurden zum Beispiel Beatmungsgeräte entwickelt, die speziell für die Anatomie und Physiologie eines Neugeborenen geeignet waren.

Ermutigt durch Erfahrungen in angelsächsischen und skandinavischen Ländern sowie an der Zürcher und der Basler Kinderklinik, entschieden wir uns, 1965 auch an der Berner Kinderklinik Beatmungshilfen für Neugeborene einzuführen. Dazu waren nicht nur zahlreiche technische Probleme zu lösen, sondern wir sahen uns schnell auch mit ethischen Fragen konfrontiert, auf die wir nicht vorbereitet waren.

Die ersten ethischen Fragen

Die damals veröffentlichten positiven Resultate der maschinellen Beatmung in anderen Spitälern waren rein deskriptiv und nicht kontrolliert. Die positive Wirkung war somit formal nicht bewiesen. Auch waren die Neugeborenen, auf die sich diese Methoden angeblich vorteilhaft ausgewirkt hatten, nicht gut charakterisiert.

Das erschwerte die Auswahl der Patienten, die von den Beatmungshilfen profitieren sollten. Überdies waren wir uns der Risiken dieser Beatmung bewusst, die durch die Einführung eines Tubus in die Luftröhre und den erhöhten Druck in der Lunge verursacht werden, was unserer Entscheidung ihre erweiterte ethische Dimension verlieh.

Dürfen Ärzte eine neue Methode anwenden, bevor die Vorteile bewiesen sind? Wie bewahrt man Patienten vor den potenziellen Nachteilen einer neuer Behandlung? Diese ethischen Fragen sind in den vergangenen 20 Jahren immer wieder diskutiert worden. Sie haben unter anderem später zu einer internationalen Stellungnahme geführt, der „Deklaration von Helsinki".[1] Zu jener Zeit in Bern waren diese Fragen jedoch relativ neu. Es gab damals weder ethische Spitalrichtlinien noch existierte eine Spital-Ethikkommission.

Nach Gesprächen mit dem Klinikchef entschieden wir uns, in einer ersten Phase nur solche Neugeborene zu beatmen, die ohne Therapie eine sehr schlechte Überlebensprognose hatten. So wurden während einiger Monate sechs Neugeborene maschinell beatmet, die diese Kriterien erfüllten. Ihr klinischer Zustand verbesserte sich vorübergehend. Sie starben aber trotzdem nach einigen Stunden.

Das Resultat enttäuschte uns doppelt, zum einen wegen des Verlaufs, zum anderen, weil wir einen potenziell gefährlichen Versuch mit Patienten gemacht hatten, dessen Resultat wir nicht interpretieren konnten. In Abwesenheit einer vergleichbaren Kontrollgruppe nicht beatmeter Kinder blieben alle Interpretationen offen; auch die Frage, ob die Beatmung selbst den Tod ausgelöst hatte, liess sich nicht beantworten.

Diese erste Konfrontation mit ethischen Fragen in meiner Biographie hat mir bewusst gemacht, dass die Respektierung der Methodologie in der klinischen Forschung ein ethisches Anliegen ist. Allerdings war zu jener Zeit die Methodologie kontrollierter Studien noch keineswegs verbreitet und an unserer Klinik gänzlich unbekannt. Die Resultate neuer Behandlungen wurden damals nicht experimentell

---

1 World Medical Association. Declaration of Helsinki: Recommendation Guiding Medical Doctors in Biomedical Research. Adopted by the 18th World Medical Assembly, Helsinki, Finland, 1964.

getestet, sondern nur durch empirische Beobachtungen geprüft. In der Geschichte der Neonatologie wurde erstmals im Jahr 1954 eine prospektive, multizentrische und randomisierte Studie durchgeführt.[2]

Dank der Epidemiologie haben die Methoden, mit denen die Wirksamkeit einer Behandlung vor deren Einführung in die klinische Praxis geprüft wird, seither grosse Fortschritte gemacht.[3] Ihre Anwendung garantiert ein Maximum an Sicherheit für die Patienten und ermöglicht gleichzeitig eine objektive Beurteilung der positiven oder negativen Wirkungen einer neuen Behandlungsmöglichkeit.

Die Grenzen der maschinellen Beatmung

Als ich Ende der Sechzigerjahre meine Ausbildung als Neonatologe am Columbia Medical Center in New York begann und die Technik der maschinellen Beatmung lernte, wurde ich erneut mit ethischen Fragen konfrontiert. An diesem führenden Zentrum war die maschinelle Beatmung Routine. Die Mehrzahl der so behandelten Kinder mit einem Geburtsgewicht über 1500 g überlebte. Ich erinnere mich noch gut, wie gross meine Freude war, als ich das erste Kind, das ich selbst intubiert hatte, von der Maschine befreien und einige Tage später gesund entlassen konnte.

Aber ich erinnere mich auch an unsere grosse Enttäuschung, wenn wir bei anderen Kindern, trotz optimaler Beatmung, schwere neurologische Störungen feststellen mussten. Die Grenzen der maschinellen Beatmung sind evident. Sie übernimmt zwar die ungenügende Lungenfunktion, ist aber nicht im Stande, vorbestehende Hirnschäden zu korrigieren.

An diesem Punkt stiess ich erstmals auf das schwerste ethische Dilemma in meinem Beruf: Darf man eine maschinelle Beatmung ab-

---

2 Kinsey V. E.: Etiology of Retrolental Fibroplasia and Preliminary Report of the Cooperative Study of Retrolental Fibroplasia. Transaction of the American Academy of Ophtalmology 1955; 59: 15–24.
3 Sackett D. L., Haynes R. B., Guyatt G. H., Tugwell P.: Clinical Epidemiology. A basic science for clinical medicine. Little Brown and Company, Boston/Toronto/London (1991).

brechen und das Kind sterben lassen, wenn sich eine schwere, (wahrscheinlich irreversible) zerebrale Schädigung zeigt? Oder anders formuliert: Ist es ethisch gerechtfertigt, ein Kind, das ohne Intervention spontan sterben würde, künstlich am Leben zu erhalten, wenn es offensichtlich später schwer behindert sein wird? Nach welchen Kriterien lässt sich entscheiden, ob der spontane Tod einem Überleben mit schweren Behinderungen vorzuziehen ist?

Es hat lange gedauert, bis man auf den Abteilungen für Neonatologie am Krankenbett überhaupt solche Fragen stellen durfte. In New York waren sie besonders stark tabuisiert. Der Verzicht auf maschinelle Beatmung wurde als aktive Tötung angesehen, galt als unethisch und war strafbar. Am Columbia Medical Center wurden Frühgeborene wochenlang künstlich beatmet, bis sie am Respirator starben, obwohl man wusste, dass diese Kinder im Überlebensfall schwer behindert bleiben würden. Besonders unter den betreuenden Schwestern führte dies zu einem spürbaren Malaise, während jedoch gleichzeitig niemand wagte, diese Grundeinstellung in Frage zu stellen.

Auch wies die neonatale Intensivpflege jener Zeit grosse Mängel auf. So wurde der Erfolg der neuen Therapie lediglich an der Überlebensrate gemessen, die auf Grund der maschinellen Beatmung Ende der sechziger Jahre zu einer spektakulären Abnahme der Neugeborensterblichkeit geführt hatte. Systematische klinische Nachkontrollen der überlebenden Kinder jedoch wurden selten durchgeführt, obwohl man vermutete, dass die Abnahme der Sterblichkeit mit einer Zunahme der zerebralen Morbidität verbunden war.

Systematische Nachkontrolle – erste Priorität

Aus diesem Grund machten wir den Aufbau einer systematischen Nachkontrolle des Wachstums und der Entwicklung unserer kleinen Patienten zur Priorität, als ich im Jahr 1970 den ersten europäischen Lehrstuhl für Neonatologie an der Abteilung für Neonatologie der Zürcher Universitätskinderklinik und der Klinik für Neonatologie des Departements für Frauenheilkunde des Unversitätsspitals Zürich besetzte. Professor Remo Largo, der seit mehr als 25 Jahren die Abteilung für Wachstum und Entwicklung an der Universitätskinderklinik leitet, nahm sich dieser Aufgabe in mustergültiger Weise an. Die Bedeutung dieser Abteilung nahm zu, als Mitte der Siebzigerjahre neue Studien in Schweden zeigten, dass eine Abnahme der Sterblichkeit kleiner Frühgeborener (unter 1500 g) mit einer Zunahme an neurologischen Störungen verbunden war.[4] Die technische Entwicklung hatte es inzwischen ermöglicht, auch kranke Frühgeborene mit einem Geburtsgewicht unter 1000 g (28 Schwangerschaftswochen), ja sogar unter 800 g (26 Schwangerschaftswochen) am Leben zu erhalten.

Entsprechend wuchs das Bedürfnis nach Kriterien, die es erlauben würden, eine maschinelle Beatmung abzubrechen oder zu unterlassen. Gleichzeitig schien es uns notwendig, festzulegen, wie unreif und klein ein Frühgeborenes sein darf, damit es selbst und seine Familie von der Intensivbehandlung profitieren. Solcherart Überlegungen widerspiegelten einen grossen Mentalitätswandel in der Medizin der Siebzigerjahre.

Passive Sterbehilfe?

Neben den ethischen waren wir auch mit juristischen Fragen konfrontiert. Als Resultat zahlreicher Sitzungen, an denen verschiedene Spezialisten der Universitätskinderklinik teilnahmen, entstand eine Liste klinischer Situationen, in denen wir einen Abbruch der maschinellen Beatmung mit Einverständnis der Eltern befürworteten. An der Paulus-Akademie in Zürich Witikon wurden diese Indikationen in zahlreichen Sitzungen von einer Kommission aus Juristen, Theologen und Philosophen gewichtet. Ein Konsens wurde jedoch erst erzielt, als die Sitzungen in der neonatalen Intensivpflegestation der Kinderklinik stattfanden, wobei schwer kranke Patienten vorgestellt wurden. Wir einigten uns darauf, bei schweren perinatalen Schäden des Zentralnervensystems von der Anwendung aussergewöhnlicher Hilfsmittel abzusehen. Es entstand folgender Text, der später in die Richtlinien für Sterbehilfe

---

4   Hagberg B., Hagberg G., Olow I., von Wendt L.: The Changing Panorama of Cerebral Pulsy in Sweden. Acta Paediatr. Scand. 1989; 78: 283.

der Schweizerischen Akademie der Medizinischen Wissenschaften (SAMW) integriert wurde.[5]

> Bei Neugeborenen mit schweren kongenitalen Fehlbildungen oder perinatalen Läsionen ist die Prognose besonders wichtig. Bei schweren Missbildungen und perinatalen Schäden des Zentralnervensystems, welche zu irreparablen Entwicklungsstörungen führen würden, und wenn eine Neugeborenes, beziehungsweise ein Säugling nur dank des fortdauernden Einsatzes aussergewöhnlicher technischer Hilfsmittel leben kann, darf nach Rücksprache mit den Eltern von der erstmaligen oder anhaltenden Anwendung solcher Hilfsmittel abgesehen werden.

Es handelte sich um die erste offizielle Stellungnahme in Europa zugunsten der passiven Sterbehilfe in der Neonatologie. Die Schweizer Presse reagierte positiv. Negative Kritik kam vor allem aus Österreich[6] und Deutschland.[7] Eine wertvolle internationale Diskussion kam dadurch in Gang, die dazu führte, dass sich auch andere Länder zu einem analogen Vorgehen entschlossen.[8] Für uns Neonatologen war die offizielle Stellungnahme von grosser Bedeutung, denn prominente Repräsentanten aus den Bereichen Theologie, Philosophie und Recht hatten uns bescheinigt, dass passive Sterbehilfe in bestimmten Fällen ethisch und juristisch zu rechtfertigen ist.

Wer soll entscheiden?

Nun ging es in einem nächsten Schritt darum, zu definieren, wer die Verantwortung für eine eventuelle passive Sterbehilfe am Krankenbett zu tragen hat? Juristisch ist im Kanton Zürich der Klinikdirektor

---

5   Schweizerische Akademie der Medizinischen Wissenschaften: Richtlinien für die Sterbehilfe, Basel 1976, Schwabe & Co. Basel.
6   Berger H.: Euthanasie als Bedrohung des Menschen. Schweiz. Ärztezeitung 1983; 42:1675–1680.
7   Von Loewenich V.: Grenzen der neonatologischen Intensivbehandlung. In: H. Müller und H. Olbing (Hrsg.): Ethische Probleme in der Pädiatrie und ihren Grenzgebieten, Urban & Schwarzenberg 1982; 194–204.
8   Sauer P.J.J.: Ethical Decision in Neonatal Intensive Care Units: The Dutch experience. Pediatrics 1992; 90: 729–732.

für derart schwerwiegende Entscheidungen verantwortlich. Das warf Probleme auf, weil ein Klinikdirektor selten über genügend Zeit verfügt, sich in die Problematik einzelner Patienten zu vertiefen und – auf der Neonatologie – auch selten Gelegenheit hat, mit den Eltern in Kontakt zu treten. So entschloss sich die Direktion der Kinderklinik zur Bildung einer Spital-Ethikkommission, in der verschiedene Personen Einsitz nahmen, darunter der Chef der Intensivpflegestation, der Neonatologe, ein(e) Vertreter(in) des Pflegedienstes, eine Laborantin, ein Kinderpsychiater, ein Oberarzt der Medizinischen Klinik, ein Neurologe und – je nach Fall – ein Kinderchirurg, Kardiologe, Hämatologe oder Onkologe.

Das Modell jedoch war schwer anwendbar. Es scheiterte schon an der meist notfallmässigen Einberufung der Kommission in corpore zu einem entsprechend gegebenen Zeitpunkt. Auch erhob sich die Frage, ob ein derart neutrales Gremium die richtige Instanz sei, um ethische Entscheidungen durch Abstimmung am Krankenbett zu fällen. Auch wenn es auf den ersten Blick vernünftig erscheint, schwierige ethische Fragen in einem demokratischen Prozess durch Abstimmung zu beantworten. In der Praxis, in konkreten Fällen ist dieses Vorgehen zu weit entfernt von den Eltern, den Schwestern und Ärzten, die Verantwortung für das Kind tragen. Eine sogenannt demokratische Entscheidung dieser Art reduziert eine komplexe ethische und emotionale Situation auf ein simples Prozedere, das zu Recht „bioethischer Reduktionismus" genannt wurde.[9] Uns Klinikern wurde damals immer klarer, dass ethische Entscheidungen, die so eng mit unseren medizinischen Entscheidungen verbunden sind, nicht delegiert werden können. Wir tragen selber Verantwortung für unser Handeln und müssen die Konsequenzen ziehen, wenn wir feststellen, dass unser Handeln einem Patienten mehr schadet als hilft.

---

[9] Churchill L.R.: Bioethical Reductionism and our Sense of the Human. Man and Medicine 1980; 5: 229–42.

Neuer Ansatz bei der Güterabwägung

Aber wie wägt man die positiven Ergebnisse gegenüber den negativen ab? Um uns über das Vorgehen bei dieser „Güterabwägung" klar zu werden, nahmen wir Kontakt mit einer Ethikerin und einer Theologin auf. Es zeigte sich schnell, dass in diesem neuen interdisziplinären Kreis zunächst eine gemeinsame Sprache gefunden werden musste. Ich persönlich hatte zum Beispiel besonders Mühe mit den vier Grundprinzipien der Bioethik, wenn diese am Krankenbett angewendet werden sollen. Sie lauten: „Nicht schaden, Gutes tun, gerecht sein, die Patientenautonomie respektieren." Die ersten drei sind in meinen Augen nicht brauchbar, denn sie sind zu allgemein formuliert. Das Autonomieprinzip eignet sich nicht für Neugeborene, da diese keine autonomen Entscheidungen fällen können. Erst als die wagen Forderungen einerseits durch konkrete medizinische und pflegerische Fragen und andererseits durch Fragen nach dem mutmasslichen Lebenskontext des Kindes ersetzt wurden, kam ein echter interdisziplinärer Dialog in Gang.

Nicht alles Machbare muss gemacht werden

Es war ein langer Weg, bis wir Neonatologen den Mut hatten, solche Güterabwägungen, welche über Leben und Tod eines Kindes entscheiden können, offen am Krankenbett zu vollziehen und zu akzeptieren, dass wir selbst, nicht andere, die Antworten finden müssen. Auch für die Pflege war es ein längerer Prozess, bis sie bereit war, an dieser ethischen Entscheidungsfindung teilzunehmen.

Unser Dialog mit Vertreterinnen der Ethik und der Theologie hat sich als sehr fruchtbar erwiesen. Wir haben eine Struktur gefunden, auf deren Basis wir Gespräche führen können, Gespräche, in denen die Interessen der Neugeborenen, ihrer Eltern, der Pflege und der Ärzte respektiert werden. Wir haben somit gelernt, eine globale Wertanalyse unseres Handelns durchzuführen.

Da der technische Fortschritt die Grenzen des Machbaren immer weiter ausdehnt, wird die Neonatologie in den kommenden Jahren zunehmend mit ethischen Fragen konfrontiert sein. Insbesondere gilt es immer noch, zu definieren, unter welchem Gestationsalter keine lebensrettenden Massnahmen mehr ergriffen werden sollen.

Möge das in dieser Monographie beschriebene Urteilsbildungsmodell uns (und anderen) dabei helfen, im Interesse der betroffenen Kinder und ihrer Familien jene Bedingungen festzulegen, unter denen ein Einsatz lebenverlängernder Massnahmen bei schwer kranken Neugeborenen zu rechtfertigen ist, damit wir uns nicht von einer Interventions-Euphorie verleiten lassen, nur weil diese Interventionen technisch machbar sind.

Literatur

World Medical Association. Declaration of Helsinki: Recommendation Guiding Medical Doctors in Biomedical Research. Adopted by the 18th World Medical Assembly, Helsinki, Finland, 1964.

Kinsey V.E.: Etiology of Retrolental Fibroplasia and Preliminary Report of the Cooperative Study of Retrolental Fibroplasia. Transaction of the American Academy of Ophtalmology 1955; 59: 15–24.

Sackett D.L., Haynes R.B., Guyatt G.H., Tugwell P.: Clinical Epidemiology. A basic science for clinical medicine. Little Brown and Company, Boston/Toronto/London (1991).

Hagberg B., Hagberg G., Olow I., von Wendt L.: The Changing Panorama of Cerebral Pulsy in Sweden. Acta Paediatr. Scand. 1989; 78: 283.

Schweizerische Akademie der Medizinischen Wissenschaften: Richtlinien für die Sterbehilfe, Basel 1976, Schwabe & Co., Basel.

Berger H.: Euthanasie als Bedrohung des Menschen. Schweiz. Ärztezeitung 1983; 42:1675–1680.

Von Loewenich V.: Grenzen der neonatologischen Intensivbehandlung. In: H. Müller und H. Olbing (Hrsg.): Ethische Probleme in der Pädiatrie und ihren Grenzgebieten, Urban & Schwarzenberg 1982; 194–204.

Sauer P.J.J.: Ethical Decision in Neonatal Intensive Care Units: The Dutch experience. Pediatrics 1992; 90: 729–732.

Churchill L.R.: Bioethical Reductionism and our Sense of the Human. Man and Medicine 1980; 5: 229–42.

Das sehr kleine Frühgeborene
Ethische Fragen aus der Sicht eines Neonatologen

Diego Mieth

Die Frage der Überbehandlung von sehr kleinen, unreifen Frühgeborenen an der Grenze der Lebensfähigkeit ist ein zentrales Problem der Perinatalmedizin, das zu immer häufigeren und zu kontroversen Diskussionen auch ausserhalb von Fachkreisen führt.

In der ersten Hälfte des 20. Jahrhunderts galten Neugeborene mit einem Gestationsalter unter 28 bis 30 Schwangerschaftswochen beziehungsweise mit einem Gewicht unter 1000g als nicht lebensfähig. Die Anwendung neuer Techniken und Erkenntnisse hat innerhalb weniger Jahre die Grenze der Lebensfähigkeit in Richtung eines immer tieferen Gestationsalters verschoben. Heute liegt sie um 23 bis 24 Schwangerschaftswochen. Die besseren Überlebenschancen sind allerdings mit einer sehr hohen Rate von perinatal erworbenen Spätschäden verbunden wie Entwicklungsrückstand, Verhaltensstörungen, Sehstörungen und chronischen Lungenerkrankungen.

Wie unterschiedlich die verschiedenen Länder mit dieser Frage umgehen, zeigt eine kürzlich durchgeführte Studie[1] in Europa (die Schweiz hat leider nicht daran teilgenommen). 1401 Neonatologen aus mehreren europäischen Ländern wurde gefragt, ob sie ein Frühgeborenes mit einem Gewicht von 560g und einem Apgar (das ist ein Punktsystem zur Vitalitätsbeurteilung) von 1 nach der ersten Minute wiederbeleben würden, auch wenn diese Massnahmen – unabhängig von der Prognose – nicht mehr rückgängig gemacht werden könnten. 51% der Ärzte in Italien bejahten diese Frage, 34% in Spanien, 21% in Deutschland, 13% in Schweden, 8% in Grossbritannien, 4% in Frankreich und 1% in den Niederlanden. Die Studie spiegelt ein sehr heterogenes Meinungsspektrum in dieser medizinischen Grenzsituation. Wenn Rat suchende Eltern sich auf so unterschiedliche „Expertenmeinungen"

---

[1] Treatment choices for extremely preterm infants: An international perspective. Leeuw de R., Cuttini M. and other members of the EURONIC study group. J. Pediatr 2000; 137: 608.

abstützen müssen, stellt sich letztlich die Frage, ob diese Entscheidungen ethisch noch vertretbar sind.

Was heisst lebensfähig?

Die Auffassungen oder Definitionen von Lebensfähigkeit (viability) sind ebenso unterschiedlich und scheinen sich dem Zeitgeist und seinen Möglichkeiten anzupassen: „Fähigkeit, ausserhalb des Mutterleibs ohne künstliche Unterstützung zu überleben" (Webster's Dictionary);[2] „Fähigkeit zu leben, normal zu wachsen und sich normal zu entwickeln" (P.M. Dunn, 1984);[3] „Eine marginale Lebensfähigkeit haben Kinder, die in der Periode zwischen der 23 0/7 und 26 6/7 Schwangerschaftswoche geboren werden" (J.M. Rennie, 1996);[4] „Fähigkeit, nach intensivmedizinischer Behandlung zu überleben" (E. Hey, 1997);[5] „Bei 25 bis 27 Schwangerschaftswochen und 700 bis 800g Geburtsgewicht, mit einer Überlebensrate über 50% und schweren Spätschäden unter 20 bis 30%" (M. Allen 1997).[6]

Beurteilung des Gestationsalters

Prognosen, die sich nach dem Gestationsalter richten, sind abhängig von den Kriterien, nach welchen das Gestationsalter definiert wurde. Im klinischen Umgang zwischen Neonatologen und Geburtshelfern

2 The new Webster Encyclopedia of the English Language. Consolidate Book Publishers, Chicago.
3 Capable of beeing born alive? Dunn P.M., Stirrat G.M., Lancet 1984; I: 553.
4 Perinatal management at the lower margin of viability. Rennie J.M. Arch Dis Child 1996; 74: F214.
5 Changing prognosis for babies of less than 28 weeks' gestation in the north of England between 1983 and 1994. Tin W., Wariyar U., Hey E., British Medical Journal 1997; 314: 107.
6 What is the lower limit of viability? Allen M.C., Hot Topics December 1997.

zeigt sich, dass diese Kriterien keineswegs immer einheitlich gehandhabt werden. Die Weltgesundheitsorganisation (WHO) definiert das Gestationsalter als Dauer vom ersten Tag der letzten Periode bis zur Geburt in abgeschlossenen Wochen und Tagen. (Demnach befindet sich ein Kind von 25 Wochen und 4 Tagen nicht in der 26. Woche). Das Gestationsalter kann auch nach Früh-Ultraschall ermittelt oder angepasst werden. Die postnatale Bestimmung unterhalb 26 Schwangerschaftswochen überschätzt in der Regel das fetale Alter bis zu 2 Wochen.[7]

Langfristige Folgen bei sehr unreifen Frühgeborenen

Ende der Fünfzigerjahre führten die systematischere Grundversorgung von Neugeborenen in Form von Frühernährung, Infusionstherapie mit Glukose/Bikarbonat, Erhaltung des Wärmehaushalts sowie die zunehmende Verlegung in geeignete Spitäler zu einem drastischen Abfall der neonatalen Sterblichkeit. Der Erfolg war doppelt gross, weil parallel mit dem Rückgang der Sterblichkeit auch die Häufigkeit einer Hirnschädigung abnahm.

Das Ende der Sechzigerjahre markiert den Beginn der Intensivtherapie bei Neugeborenen mit der Einführung der Beatmung, CPAP (continuous positive airway pressure) und immer neueren Techniken. Sie führten zu einem weiteren Rückgang der neonatalen Sterblichkeit.

Erste Schatten auf die Erfolge der Neonatologie warf eine epidemiologische Studie aus Schweden Anfang der Siebzigerjahre, die bei anhaltendem Rückgang der neonatalen Sterblichkeit eine Zunahme der Zerebralparese (zerebrale Kinderlähmung) in Schweden[8] feststellte. Von dieser Zunahme sind vor allem Neugeborene mit tiefem Geburtsgewicht betroffen. Seit 1987 hat die Häufigkeit der Zerebralparese insgesamt

---

7   Inaccuracy of Ballard Scores in estimating gestational age (GA) of 24–27 weeks infants of woman with known menstrual history. Pediatr Res (abstract) 1996; 39: 206A.
8   The changing panorama of cerebral palsy in Sweden. Hagberg B., Hagberg G., Olow I., Wendt v. L., Acta paediatr Suppl 1996; 85: 954.

wieder leicht abgenommen; bei sehr kleinen Frühgeborenen jedoch nimmt sie weiterhin leicht zu[9] (siehe Abbildung 1). Ein ähnlicher Trend der Zunahme von zerebralen Bewegungsstörungen zeigt sich auch in anderen Industrieländern wie Australien, England, Finnland, Irland und Japan.[10]

Abbildung 1

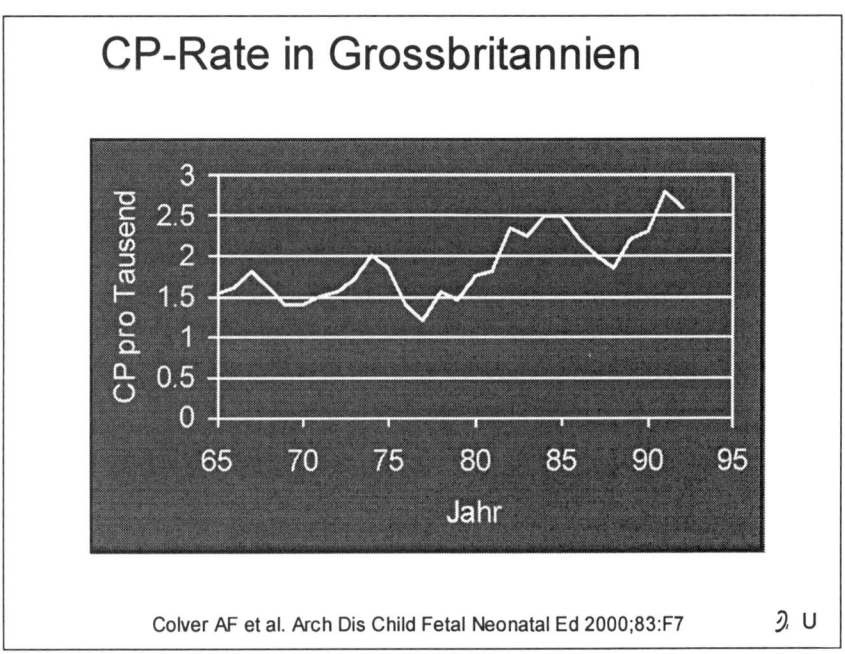

Colver AF et al. Arch Dis Child Fetal Neonatal Ed 2000;83:F7

In den letzten Jahren sind mehrere Studien über die Mortalität und Morbidität von sehr kleinen Frühgeborenen publiziert worden.[11] Nicht alle erfüllen die methodischen Kriterien, die einer evidenzbasierten

---

9   Changing panorama of cerebral palsy in Schweden. Prevalence and origin in the birth year period 1991–1994. Hagberg B., Hagberg G., Beckung E., Uvebrant P. Acta paediatr 2001; 90: 277.

10   Impact of improved survival of very low birth weight infants on recent secular trends in the prevalence of cerebral palsy. Bhushan V., Paneth N., Kiely J.L., Pediatrics 1993; 91: 1094.

11   Outcomes of children of extremely low birthweight and gestational age in the 1990s. Hack M., Fanaroff A., Early Human Development 1999; 53:193.

Beurteilung standhalten. Von besonderem Wert sind prospektive Populationsstudien, die nicht nur auf dem Geburtsgewicht, sondern auf dem Gestationsalter basieren, und Studien, die alle Frühgeborenen inklusive Totgeborene und im Gebärsaal verstorbene Kinder einbeziehen. Ergebnisse von Studien, die nur Kinder erfassen, die auf einer Neonatologieabteilung aufgenommen wurden, berücksichtigen naturgemäss nur einen Teil der Population und haben in der Regel günstigere Resultate.

Die meisten Studien beurteilen mehr das neurologische Ergebnis und weniger den Gesamtverlust an Lebensqualität wegen chronischer Lungenerkrankung, Seh- und Hörstörungen sowie Problemen, die sich meist erst im Schulalter manifestieren.

Alle Studien zeigen eine verbesserte Überlebensrate von sehr kleinen Frühgeborenen im Vergleich zur vorangehenden Dekade, jedoch weiterhin einen unverändert bis zunehmend höheren Anteil von langfristig behinderten Kindern.

Zwei grössere regionale Untersuchungen aus England sollen den Zusammenhang zwischen der Zunahme zerebraler Lähmungen und dem tiefen Gestationsalter beziehungsweise dem geringen Geburtsgewicht illustrieren. Eine Studie untersucht die Inzidenz (Anzahl neuer Fälle) und den Schweregrad von Zerebralparesen im Nordosten Englands.[12] Sie hat alle Neugeborenen in drei Bezirken (etwa 10 000 Geburten pro Jahr) im Zeitraum von 1964 bis 1993 erfasst. Jedes Kind mit einer Zerebralparese wurde von einem spezialisierten Team untersucht. Dieses beurteilte den Schweregrad der Behinderung mit Hilfe eines „lifestyle assessment score" (LAS).

Fazit der Studie: Die Spezialisten diagnostizieren bei 584 Kindern eine Zerebralparese. Die Erkrankungsrate ist von 1,68 pro 1000 Lebendgeburten in der Jahresperiode 1964 bis 1968 auf 2,45 in der Jahresperiode 1989 bis 1993 angestiegen. Wurden nur die besser gesicherten Fälle (LAS über 30%) berücksichtigt, verdoppelte sich die Inzidenz von 0,98 auf 1,96 pro 1000 Lebendgeburten. Die Aufschlüsselung nach Geburtsgewicht zeigte bei Neugeborenen unter 1500 g eine Zunahme der Inzidenz von 29 auf 74, bei Neugeborenen mit einem

---

[12] Increasing rates of cerebral palsy across the severity spectrum in north-east England 1964–1993. Cover A. F., Gibson M., Hey E., Jarvis S. N., Mackie P. C., Richmond S., Arch Dis Child Fetal Neonatal Ed 2000; 83: F7.

Gewicht von 1500 bis 2499 g eine Zunahme von 4 auf 11 Zerebralparesen pro 1000 Lebendgeburten. Bei Kindern mit einem Gewicht über 2500 g blieb die Inzidenz unverändert (siehe Abbildung 2).

Abbildung 2

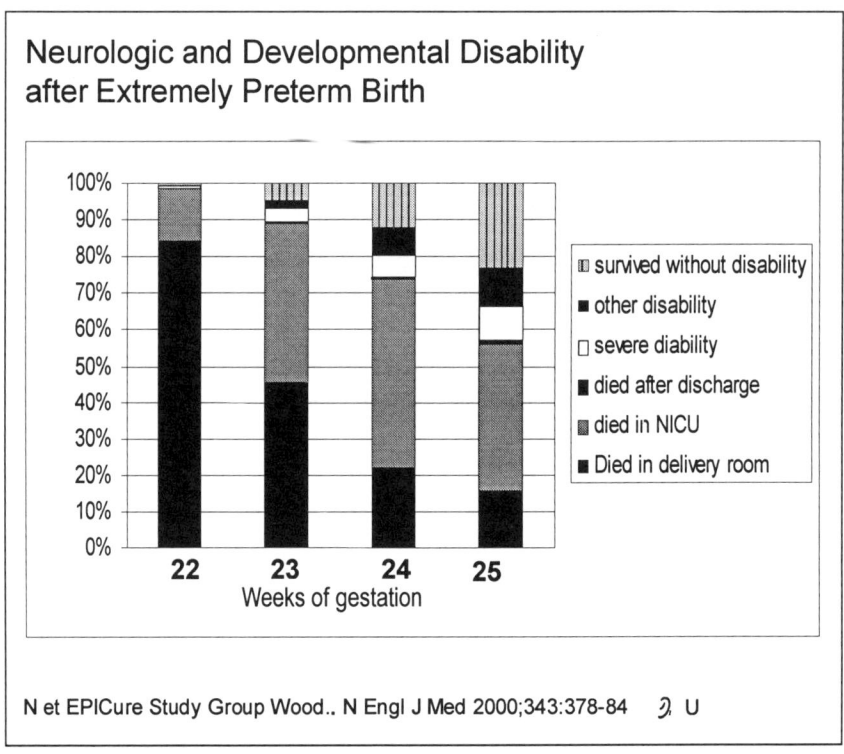

Schwere Behinderungsformen (LAS >70%) nahmen absolut ebenfalls zu; ihr Anteil war jedoch bei Kindern mit einem Gewicht über 2500 g etwas geringer. Kinder mit einem Gewicht unter 2500 g trugen zu Beginn (1964–73) mit 34% und am Ende der Beobachtungsperiode (1984–93) mit 49% zur Gesamtzahl aller Zerebralparesen bei. Bei den schwereren Erkrankungsfällen war der Unterschied noch deutlicher ersichtlich; er war von 16% auf 54% angestiegen.

Bei der zweiten Studie handelt es sich um die bisher grösste prospektive Populationsstudie über Frühgeborene mit tiefem Gestationsalter.[13] Sie berichtet über die Mortalität und Morbidität aller Frühgeborenen unter 26 Schwangerschaftswochen, die während der 10 Monate zwischen März und Dezember 1995 in Grossbritannien und Irland geboren wurden. Erfasst wurden 4004 Geburten zwischen der 20. und 25. Schwangerschaftswoche. Davon waren 811 Kinder zur Behandlung auf einer Neonatologieabteilung. 283 (92%) der 308 Überlebenden wurden im Alter von etwa 30 Monaten durch ein einheitliches Team von 10 erfahrenen Pädiatern neurologisch nachkontrolliert.

In der 22. Schwangerschaftswoche waren 84% der Kinder bereits kurz nach der Geburt im Gebärsaal verstorben. In der 23. waren es 46%, in der 24. 22% und in der 25. Schwangerschaftswoche 16%. Die Intensivbetreuung überlebten 1% der Frühgeborenen der 22. Schwangerschaftswoche, 11% der 23., 26% der 24. und 44% der 25. Schwangerschaftswoche. 49% der überlebenden Kinder hatten Zeichen einer neurologischen Störung.

Vorhersage von langfristigen Hirnstörungen

Frühgeburtlichkeit ist nachweislich mit dem hohen Risiko einer späteren Entwicklungsstörung assoziiert. Nach bisheriger allgemeiner Auffassung ist ihre Entstehung eine Folge der vielfältigen Anpassungsprobleme (wie Atemschwierigkeiten, Kreislaufstörungen und Infektionen) und anderer Belastungen, denen diese kleinen Frühgeborenen *nach* der Geburt ausgesetzt sind. Neuere Magnetresonanzuntersuchungen zeigen jedoch, dass um die Hälfte aller Frühgeborenen unter 30 Schwangerschaftswochen unmittelbar nach der Geburt Abnormitäten aufweisen, die bereits intrauterin (in der Gebärmutter) entstanden sein müssen.[14]

13 Neurologic and developmental disability after extremely preterm birth. EPIcure Study Group. Wood N. S., Marlow N., Costeloe K., Gibson A. T., Wilkinson A. R., N Engl J Med 2000; 343:378.

14 Magnetic resonance imaging of the brain in a cohort of extremely preterm infants. Maalouf E. F., Duggan P. J., Rutherford M. A., Counsell S. J., Fletcher A. M., Mattin M., Cowan F., Edwards A. D., J Pediatr 1999; 135: 351.

Kann die spätere neurologische Entwicklung bei extrem unreifen Frühgeborenen vorausgesagt werden? Wir haben Hinweise darauf, dass eine Chorioamnionitis (Infektion der Haut um die Leibesfrucht) der Ausgang von Hirnschädigungen sein kann. Es gibt jedoch zurzeit keine zuverlässigen Untersuchungen, die den Zusammenhang zwischen Schwangerschaftsverlauf und späterer neurologischer Entwicklung unabhängig analysieren. Auch erlaubt die Qualität der Adaptation unmittelbar nach der Geburt (postnatal) keine sichere Aussage über die spätere neurologische Entwicklung.[15] In der späteren postnatalen Periode besteht eine gute Korrelation zwischen einer abnormen Schädelsonographie und/oder Elektroenzephalogramm (EEG) und einer ungünstigen neurologischen Entwicklung. Aber auch, wenn sonographische, CT- und MR-Verfahren keine abnormen Befunde zu Tage fördern, schliesst dies eine späte Entwicklungsstörung nicht aus.[16] Das Gestationsalter (d.h. die Schwangerschaftsdauer) ist der entscheidendste Voraussagewert für die Lebensfähigkeit sowie für die langfristige Prognose eines Kindes.

Klinische Entscheidung

Die fundamentale Frage ist nun, welchen Einfluss dieses Wissen über die hohe Sterblichkeit und die langfristigen Folgen bei sehr kleinen Frühgeborenen auf Entscheidungen im klinischen Alltag haben soll. Dabei gilt es, sich bewusst zu machen, dass die treibenden Kräfte in der Neonatologie Streben nach Prestige und Ehrgeiz heissen. Dazu kommen das Bedürfnis, die eigenen Fähigkeiten auszuloten, die Freude an der Technologie, der Wunsch, Gutes zu tun, und das Bedürfnis nach Anerkennung. All diese Ziele jedoch bergen ein hohes Risiko für die Überbehandlung von kleinen Frühgeborenen. William Silverman,

---

15 The CRIB score and neurodevelopmental impairment at one year corrected age in very low birth weight infants. Buhrer C., Grimmer I., Metze B., Obladen M.
16 Sonography, CT, and MR imaging: a prospective comparison of neonates with suspected intracranial ischemia and hemorrhage. Blankenberg F.G. et al. Am J Neuroradiol 2000; 21: 213.

ein Pionier der neonatalen Medizin, hat den Widerspruch zwischen „Wissen" und „Tun", das Dilemma der modernen Medizin, in einem denkwürdigen Essay[17] sehr anschaulich beschrieben.

Im Bewusstsein dieses Widerspruchs glaube ich, dass das Leiden und die Kosten der Intensivbetreuung von sehr unreifen Frühgeborenen nur dann gerechtfertigt sind, wenn mindestens die Hälfte (also die Mehrzahl) der lebend geborenen Kinder gesund überlebt. Dieses Mindestziel ist bei Frühgeborenen unter 26 Schwangerschaftswochen nicht gegeben – wie grosse Populationsstudien zeigen.

Auf Grund der Tatsache, dass klinische Parameter (abgesehen von schwer pathologischen Ultraschallbefunden) unzuverlässig sind für die Voraussage einer langfristigen Prognose, scheint die Festlegung einer Gestationsaltergrenze für die Durchführung von Wiederbelebungsmassnahmen bei kleinen Frühgeborenen eine gute Leitlinie zu sein. Und da Unsicherheiten in Bezug auf das Gestationsalter nicht ganz auszuschliessen sind, sollte bei der Entbindung eines Frühgeborenen ab 24 Schwangerschaftswochen immer ein neonatologisches Team mit einem erfahrenen Neonatologen im Gebärsaal anwesend sein.

Bei Frühgeborenen unter 25 Schwangerschaftswochen verzichten wir in unserer Klinik immer auf Wiederbelebungs- beziehungsweise Intensivmassnahmen. Hingegen werden ab 26 Schwangerschaftswochen immer notwendige Intensivmassnahmen eingeleitet. Diese werden nur dann abgebrochen, wenn schwere Komplikationen eintreten und möglichst erst nach Einberufung eines ethischen Gesprächs und im Konsens mit den Eltern. Bei Frühgeborenen zwischen 25 0/7 und 25 6/7 Schwangerschaftswochen verzichten wir in der Regel auf Intensivmassnahmen oder leiten diese nur begrenzt ein – je nach klinischer Situation und Wunsch der Eltern.

Diese Entscheide sollten – wenn immer möglich – in Absprache mit den geburtshilflichen Kollegen vor der Geburt abgestimmt werden. Auch bei Verzicht auf Intensivmassnahmen geniessen –nota bene – alle Frühgeborenen ein Recht auf Grundversorgung höchster pflegerischer Qualität und auf menschliche Zuwendung.

---

17 The line between „knowing" and „doing": medicine's dilemma at the end of the twentieth century. The Windermere lecture 1994. Silverman W. A., Arch Dis Child 1994; 71: 261.

Literatur

Treatment choices for extremely preterm infants: An international perspective. Leeuw de R., Cuttini M. and other members of the EURONIC study group. J Pediatr 2000; 137: 608.

The new Webster Encyclopedia of the English Language. Consolidate Book Publishers, Chicago.

Capable of beeing born alive? Dunn P.M., Stirrat G.M., Lancet 1984; I: 553.

Perinatal management at the lower margin of viability. Rennie J.M., Arch Dis Child 1996; 74: F214.

Changing prognosis for babies of less than 28 weeks' gestation in the north of England between 1983 and 1994. Tin W., Wariyar U., Hey E., Br Med J 1997; 314: 107.

What is the lower limit of viability? Allen M.C., Hot Topics December 1997.

Inaccuracy of Ballard Scores in estimating gestational age (GA) of 24–27 weeks infants of woman with known menstrual history. Pediatr Res (abstract) 1996; 39: 206A.

The changing panorama of cerebral palsy in Schweden. Hagberg B., Hagberg G., Olow I., Wendt v. L., Acta paediatr Suppl 1996; 85: 954.

Changing panorama of cerebral palsy in Schweden. Prevalence and origin in the birth year period 1991–1994. Hagberg B., Hagberg G., Beckung E., Uvebrant P., Acta paediatr 2001; 90: 277.

Impact of improved survival of very low birth weight infants on recent secular trends in the prevalence of cerebral palsy. Bhushan V., Paneth N., Kiely J.L., Pediatrics 1993; 91: 1094.

Outcomes of children of extremely low birthweight and gestational age in the 1990s. Hack M., Fanaroff A., Early Human Development 1999; 53: 193.

Increasing rates of cerebral palsy across the severity spectrum in north-east England 1964–1993. Cover A.F., Gibson M., Hey E., Jarvis S.N., Mackie P.C., Richmond S., Arch Dis Child Fetal Neonatal Ed 2000; 83: F7.

Neurologic and developmental disability after extremely preterm birth. EPIcure Study Group. Wood N.S, Marlow N., Costeloe K., Gibson A.T., Wilkinson A.R., N Engl J Med 2000; 343: 378.

Magnetic resonance imaging of the brain in a cohort of extremely preterm infants. Maalouf E.F., Duggan P.J., Rutherford M.A., Counsell S.J., Fletcher A.M., Mattin M., Cowan F., Edwards A.D., J Pediatr 1999; 135: 351.

The CRIB score and neurodevelopmental impairment at one year corrected age in very low birth weight infants. Buhrer C., Grimmer I., Metze B., Obladen M.

Sonography, CT, and MR imaging: a prospective comparison of neonates with suspected intracranial ischemia and hemorrhage. Blankenberg F.G. et al., Am J Neuroradiol 2000; 21: 213.

The line between „knowing" and „doing": medicine's dilemma at the end of the twentieth century. The Windermere lecture 1994. Silverman W.A., Arch Dis Child 1994; 71: 261.

Medizin- und pflegeethische Entscheidungsfindung in einer pluralistischen Gesellschaft – ein historischer Überblick

Ruth Baumann-Hölzle

Die Entscheidungsnot in der Frühgeborenen-Intensivmedizin macht das ethische Dilemma des neuen Könnens in der Medizin paradigmatisch deutlich: Die Möglichkeiten der Lebensverlängerung und Überlebenshilfe der modernen Medizin werden selbst zum ethischen Problem, indem sie selbst in einem Masse Leid und Schmerz verursachen können, welche über das für einen Menschen Erträgliche hinaus gehen. Nur, wie in dieser Situation entscheiden, wenn der Bezugspunkt der Entscheidungsfindung, das menschliche Leben, selbst zur Debatte steht? Ist die Entscheidungsfindung auch beim sogenannt urteilsfähigen Patienten schon schwierig genug, so wird sie bei der stellvertretenden Urteilsbildung für Menschen, welche noch nicht, nicht oder nicht mehr selbst entscheiden können, zur schwersten Belastung für die Behandlungsteams und die Angehörigen.

Diese Herausforderung in der Postmoderne ist neu und führt auch zu veränderten Anforderungen sowohl an den Prozess als auch an das Ziel der medizin- und pflegeethischen Entscheidungsfindung. Diese enorme Herausforderung wird deutlich, wenn die Tradition der medizinethischen Entscheidungsfindung vergegenwärtigt wird. Bemerkenswert in diesem Zusammenhang ist, dass es bis vor kurzem noch keine bewusste Auseinandersetzung mit der Entscheidungsfindung in der Pflege gegeben habt. Dies wird sofort verständlich, wenn man bedenkt, dass im Rahmen des traditionellen Entscheidungsmodells bei der Behandlung und Betreuung der Arzt als „guter Vater" allein die Entscheidungskompetenz innehatte. Im Folgenden wird deshalb das traditionelle Entscheidungsmodell der Medizin dargestellt.

Historischer Überblick
über die medizin-ethische Urteilsbildung

Referenzpunkt des Handelns in der Medizin des Abendlandes war bis zur Moderne das menschliche Leben per se, und die medizin-ethische Urteilsbildung wurde vom Paradigma der „Heiligkeit des Lebens" bestimmt. Grundsätzlich bestand eine Scheu, über das Leben eines anderen Menschen verfügen zu wollen. So wurde in der Antike die Chirurgie lange Zeit abgelehnt. Die Lebenserhaltung war oberstes Handlungsprinzip in der Medizin. Wenn diese nicht mehr möglich war, hatte sich das medizinische Handeln auf die Leidenslinderung zu bescheiden. Das menschliche Leben war wertsetzend, da die Pflicht zu seiner Erhaltung und Würdigung das Formulieren einer Wertepyramide ermöglichte. Medizinisches Handeln war ein Kampf gegen den Tod für das Überleben. So wird auch im Kernstück der medizinischen Ethik durch die Jahrhunderte, dem Eid des Hippokrates aus dem 5./4. vorchristlichen Jahrhundert, bis in unsere Zeit die Möglichkeit der Tötung abgelehnt. Dabei eine Sonderstellung eingenommen haben die Selbsttötung und der Schwangerschaftsabbruch, welche über Jahrhunderte hinweg ausserhalb der offiziellen Medizinethik kontrovers diskutiert wurden.

Der Arzt war seinen Patientinnen direkt verantwortlich. Diese Verantwortung wurde von den Ärzten im paternalistischen Sinn wahrgenommen, indem sie alleinige Entscheidungsmacht beanspruchten und innehatten. Der ärztliche Entscheidungsspielraum wurde vorwiegend durch die Grenzen des medizinischen Könnens beschränkt. Der Einsatz aller zur Verfügung stehenden Mittel der Lebenserhaltung war angesichts der wenigen Handlungsmöglichkeiten im Sinne des „technischen Imperativs" oberste Pflicht. Solange die Wahlmöglichkeiten klein waren, mussten deshalb kaum sogenannte „Güterabwägungen", das heisst eine bewusste Wahl mit Bevorzugung einer bestimmten Handlung gegenüber einer anderen, zwischen den zur Verfügung stehenden Mitteln durchgeführt werden. Entsprechend war die medizinische Ethik vorwiegend Tugendethik, in der die ärztliche Haltung gegenüber den Patienten thematisiert wurde. Dieses Tugendmodell ist heute noch dominant bei der Ethikvermittlung in der Ausbildung zum Mediziner in Europa: Am Vorbild des Chefarztes während der Visite sollen die Assistenten moralisches Verhalten lernen.

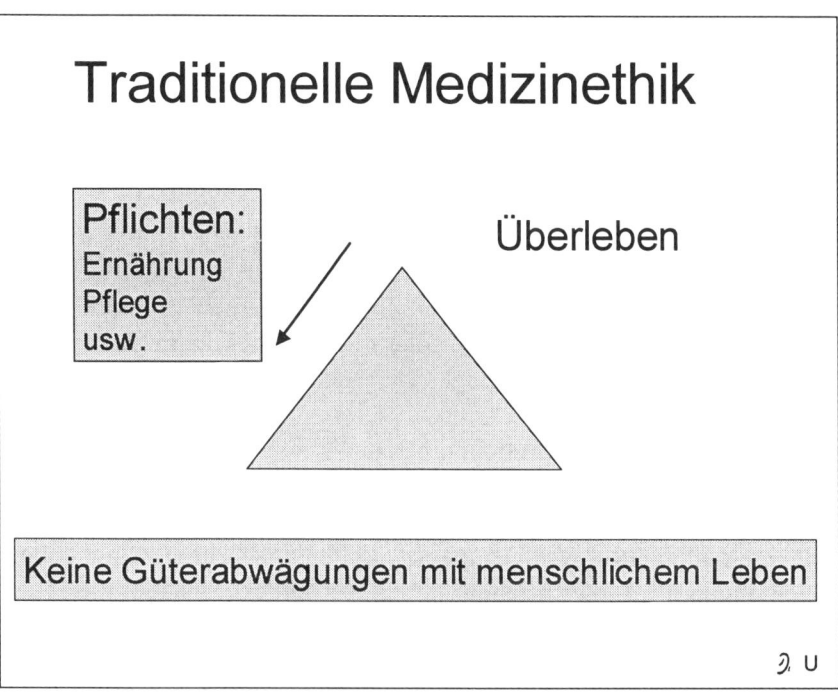

Bei dieser Entscheidungsweise werden die technischen Möglichkeiten zum moralisch Geforderten. Diese Handlungsmaxime des technischen Imperativs war so lange unproblematisch, als die Handlungsmöglichkeiten der Medizin beschränkt waren. Moralisches Handeln in der Medizin war deshalb lange Zeit selbstevident gewesen und hat kaum irgendwelche Rechtfertigungen verlangt. Man hat davon ausgehen können, dass die Möglichkeiten der Lebenserhaltung und der Leidenslinderung auch allgemein dem Patienten dienen und deshalb sinnvoll seien. In der Postmoderne hat das medizinische Handeln diese Selbstevidenz verloren. Auch für die Anwendung von lebenserhaltenden Massnahmen wird zunehmend Rechtfertigung eingefordert, denn die Möglichkeiten der Überlebenshilfe können in die schwierigsten Leidenssituationen führen, und es gibt zunehmend medizinische Handlungsmöglichkeiten, die im Rahmen einer pluralistischen Gesellschaft nicht alle Menschen mit ihrem Lebensentwurf vereinbaren können.

Solange es zum Beispiel nicht die Möglichkeit der künstlichen Ernährung gab, war die Pflicht zur Ernährung unproblematisch. Heute hingegen bedarf die Frage, ob ein sterbender Mensch künstlich ernährt werden soll oder nicht, einer sorgfältigen Güterabwägung im Einzelfall. Das ärztliche Können kann also selbst zum Problem werden. Jetzt, wo es möglich geworden ist, menschliches Leben massgeblich zu verlängern und zu erhalten, wird die Behandlung der Frage vordringlich, wann, wie lange und mit welchen Mitteln menschliche Körperfunktionen aufrecht erhalten werden sollen und wie lange dem Tod sinnvollerweise entgegengewirkt werden soll. Das Patientenwohl und die medizinischen Handlungsmöglichkeiten können miteinander in Konflikt geraten. Dieses ethische Dilemma, welches der modernen Medizin allgemein inhärent ist, zeigt sich in der neonatalen Intensivmedizin besonders deutlich.

Das Überleben kann dem ethischen Diskurs nicht mehr einfach als oberste Norm zu Grunde gelegt werden, sondern es wird Gegenstand desselben. Diese Entwicklung ist für die medizin-ethische Urteilsbildung folgenschwer. Der medizinische Fortschritt erzwingt Güterabwägungen mit menschlichem Leben. Es stellt sich dabei die Frage nach den Gütern, welche bei diesem Prozess in die Waagschale geworfen werden sollen.

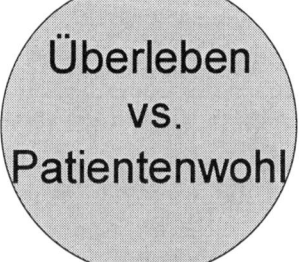

Vom Paternalismus- zum Autonomiemodell in der Moderne und Postmoderne

Vor diesem Hintergrund der Ambivalenz des medizinischen Fortschritts und des modernen Autonomieethos ist in der westlichen Medizinethik das Paternalismusmodell, bei dem der Arzt für die Patientin entscheidet, vom Autonomiemodell, bei dem die Patientin das Recht auf „informed consent" hat, abgelöst worden. Die Forderung nach „informierter Zustimmung" wurde explizit erstmals 1957 formuliert. Danach wird in der neueren Medizinethik die letzte Entscheidungsverantwortung den Patientinnen zugesprochen. Schliesslich handelt es sich um Leib und Leben der Patientin. Diese Forderung nach „informierter Zustimmung" auf Seiten der Patientinnen hat auch Eingang in die moderne Rechtssprechung gefunden. Rechtlich wird deshalb neu die Arzt-Patientenbeziehung als Behandlungsvertrag zwischen Ärztin und Patient ausgelegt. Dem traditionellen paternalistischen Handlungsmodell mit alleiniger Entscheidungskompetenz des Arztes wird so ein Autonomiemodell entgegengesetzt, das nicht mehr das menschliche Leben als wertsetzend akzeptiert, sondern neu das Recht des Menschen auf Selbstbestimmung über sein Leben zum Ausgangspunkt ethischer Urteilsbildung macht.

Diese Verschiebung vom Paternalismus- zum Autonomiemodell in der medizin-ethischen Urteilsbildung kann nicht abgesondert von anderen gesellschaftlichen Entwicklungen betrachtet werden. Das Autonomieethos und die zunehmende Individualisierung führten hin zur heutigen pluralistischen Gesellschaft, der der gemeinsame Sinnhorizont abhanden gekommen ist. In diesem gesellschaftlichen Kontext kann ausser in Ausnahmefällen niemand mehr stellvertretend für jemand anderen entscheiden. Dies hat sich für das medizinische Handeln auch im Gesetz niedergeschlagen: Jede medizinische Handlung, die ohne Einwilligung der Patientin vorgenommen wird, gilt als Körperverletzung und kann bestraft werden, selbst wenn sie zur Lebenserhaltung geschieht. Einzige legitime Ausnahme davon ist die Notfallsituation bei einem nicht einwilligungsfähigen Patienten. Mit dieser Verankerung des Anspruches der Patientin auf Autonomie im Gesetz hat theoretisch eine grundsätzliche Demokratisierung in der medizin-ethischen Urteilsbildung stattgefunden. Gegenüber der Patientenautonomie wird den Leistungserbringern Gewissensfreiheit zugestanden. Ein Patient hat deshalb das Recht, jede medizinische Leistung zu verweigern, nicht aber das Recht, jede medizinische Leistung einzufordern. Erschwert wird die Situation durch die zusätzliche Rechtsbestimmung, wonach der Mediziner aber auch zur Hilfeleistung verpflichtet ist. Im Konfliktfall zwischen Ärztin und Patient wird denn auch zwischen diesem Recht auf Gewissensfreiheit und der Verpflichtung zur Hilfeleistung abgewogen, welche sich als sogenanntes „ethisches Dilemma" gegenüberstehen können.

Das Autonomiemodell ist unter anderem wegweisend von Beauchamp und Childress mit ihrem Buch „Principles of Biomedical Ethics"[1] beschrieben und weiterentwickelt worden. Dieses Standardwerk der modernen Medizinethik zeigt auch den Wechsel von der vorherrschenden Tugend- zur Normenethik in der medizin-ethischen Urteilsbildung an. Denn ihre vier Prinzipien, das heisst das Autonomieprinzip, das Nicht-Schaden-Prinzip, das Wohltun-Prinzip und das Gerechtigkeitsprinzip bilden ein Instrument, um in moralischen Dilemmasituationen verschiedene, sich widersprechende Normen gegeneinander abwägen zu können. Dieser Wechsel von der Normen- zur Tugendethik ist für die Medizinerinnen insofern von Bedeutung, als sie neu zusätzlich über die Kompetenz der ethischen Güterabwägung verfügen und ihr Handeln aufgrund von bestimmten Normen begründen und rechtfertigen können sollten.

Bei diesen Güterabwägungen im Einzelfall am Krankenbett geht es darum, die medizinische Handlungsmöglichkeit auf ihre Menschengerechtigkeit hin zu prüfen. Als Handlungskriterien sind dabei die Pole Freiheitlichkeit/Verantwortlichkeit, Unabhängigkeit/Abhängigkeit und Zeitlichkeit/Sterblichkeit bei der Urteilsbildung zu berücksichtigen. Besondere Bedeutung hat bei dieser Abwägung die Lebensgeschichte des Patienten. Dieser Handlungsspielraum beim einzelnen Patienten wird begrenzt durch verbindliche, gesellschaftliche Regelungen und Gesetze einerseits und durch standesethische Richtlinien andererseits. Sie sorgen für die Gesellschaftsverträglichkeit der von der Gesellschaft im Einzelfall zur Verfügung gestellten medizinischen Handlungsoptio-

1 Beauchamp/Childress: Principles of Biomedical Ethics, New York/Oxford 1979 (4. überarb. Aufl. 1994)

nen, indem sie die Solidargerechtigkeit der Gesunden mit den Kranken und die Verteilungsgerechtigkeit der Kranken untereinander sicherstellen sollen.

Wichtige internationale Dokumente

Das Konzept der „informierten Zustimmung" wurde vor dem Hintergrund der Ereignisse der menschenverachtenden Forschungsuntersuchungen durch Ärzte während dem Zweiten Weltkrieg implizit im sogenannten „Nürnberger Kodex" von 1947 formuliert. Darin werden die Ärzte erstmals in der Geschichte verpflichtet, von ihren Patienten und Probanden deren freie und informierte Zustimmung zu einem Forschungsvorhaben einzuholen. 1964 kam es zur „Deklaration von Helsinki", welche den Forderungen des Nürnberger Kodexes Nachdruck verlieh und diese zudem weiter ausbaute.[2] 1975 hat der Weltärztebund diese, die „Helsinki-Tokio-Deklaration" genannte Empfehlung, verabschiedet. 1982 formulierte die Weltgesundheitsorganisation WHO vor dem Hintergrund der Helsinki-Tokio-Deklaration internationale Richtlinien zur biomedizinischen Forschung am Menschen.[3] Viel zu reden gibt nach wie vor das am 4. April 1997 vorgeschlagene „Übereinkommen zum Schutz der Menschenrechte und der Menschenwürde im Hinblick auf die Anwendung von Biologie und Medizin" des Europarates, welches allen Mitgliedstaaten des Europarates, der Europäischen Gemeinschaft, den Nichtmitgliedstaaten, die an der Ausarbeitung dieses Übereinkommens beteiligt waren, und allen zum Beitritt zu diesem Übereinkommen eingeladenen Staaten in Form von beglaubigten Abschriften durch den Generalsekretär der Europarates übermittelt wurde.[4]

2   Vgl. Seifert-Schöne, Bettina: Medizinethik; in „Angewandte Ethik" hrsg. von J. Nida-Rümelin, Alfred Kröner Verlag, Stuttgart 1996, S. 552–650, hier S. 556.
3   Vgl. Ummel, Marinette: La Reglementation de l'experimentation humaine et l'organisation des commission d'ethique medicale en Suisse, These an der Universität Genf 1991.
4   Vgl. Bondolfi/Müller: Medizinische Ethik im ärztlichen Alltag, EMH Schweizerischer Ärzteverlag AG, Bern 1999. Hier ist das ganze Dokument abgedruckt.

Stellvertretende Entscheidungen in Medizin und Pflege

Im Kontext des Autonomieethos wird die ethische Entscheidungsfindung überall dort zum Problem, wo die Patientin nicht selbst entscheiden kann und Lebensentscheide stellvertretend für sie zu treffen sind. In diesen Situationen, in denen Patienten nicht selbst eine informierte Zustimmung geben können, besteht deshalb die moralische Verpflichtung, nach ihrem sogenannten „mutmasslichen Willen" zu forschen und diesem gemäss eine Entscheidung zu fällen. Die Angehörigen spielen als primäre Informationsquelle eine wichtige Rolle. Problematisch ist hingegen die an vielen Orten gängige Praxis, den Angehörigen die Verantwortung der stellvertretenden Entscheidung aufzubürden. Angehörige sind sehr ungeeignet für die Rolle der Entscheidungsträger (es sei denn, sie sind vom Patienten explizit mit einer Patientenverfügung dazu ermächtigt worden): Entweder können sie einen geliebten Menschen nicht gehen lassen oder sie haben im Extremfall ein persönliches Interesse am Tod eines Menschen.

Stellvertretende Lebensentscheide sind in einer pluralistischen Gesellschaft ohne gemeinsamen Sinnhorizont äusserst schwierig zu fällen. Einziger gemeinsamer normativer Orientierungspunkt der pluralistischen Gesellschaft ist die Menschenwürde, wonach kein Mensch ungefragt zum Mittel zum Zweck gemacht werden darf. Von diesem Würdepostulat, das erstmals vom Philosophen I. Kant formuliert worden ist, werden die Menschenrechte abgeleitet und gründet die Ordnung des demokratischen Zusammenlebens der heutigen westlichen Gesellschaft. Kant war es auch, der als erster den Begriff der „Autonomie" verwendet hat. Das Autonomieethos ist es denn auch, welches in der Moderne und Postmoderne handlungsleitend geworden ist. Das Kernproblem dieses Autonomieethos und seiner Begründung mit der Menschenwürde ist, dass es ein reines Abwehrkonzept für den Menschen darstellt, ohne etwas Inhaltliches über ihn auszusagen. Mit dieser moralischen Forderung, wonach kein Mensch ungefragt instrumentalisiert werden darf, konnte sich die Säkularisierung und die pluralistische Gesellschaft entwickeln.

In diesem Abwehrkonzept des Autonomieethos nicht enthalten ist deshalb ein mit Inhalten geprägtes Menschenbild. Jeder hat die Freiheit, seinen Vorstellungen entsprechend ein Bild vom Menschen zu entwerfen. Um die Reichweite der Verfügungsmacht über menschliches Leben wird sowohl am Anfang des Lebens bei der Frage nach der Legitimität der Embryonenforschung, des Klonens, der Präimplantations- und Pränataldiagnostik, dem Schwangerschaftsabbruch oder der Neonatologie als auch am Ende des Lebens bei den Fragen nach dem Umgang mit Hirntoten gerungen und gekämpft. Die neuen Handlungsmöglichkeiten der Medizin am Anfang und am Ende des Lebens haben viele moralische Selbstverständlichkeiten zerbrechen lassen: Menschliches Leben muss von seinen Eltern nicht mehr einfach so angenommen werden, wie es ist, sondern Eltern können in den ersten Lebensphasen ihres Kindes darüber entscheiden, ob sie überhaupt ein Kind und darüber hinaus sogar, ob sie ein solches Kind haben möchten. In diesem neuen Handlungskontext werden die Entscheidungen in der Neonatologie gefällt. Zwischen der Geburtshilfe und der Neonatologie besteht eine wichtige Schnittstelle: Die Geburtshelferinnen vertreten die Interessen der werdenden Eltern, vor allem der Mutter, die Neonatologen und die Pflegenden der Neonatologiestation hingegen sind Anwälte des geborenen Kindes. Das Kind aber gehört weder den Eltern, noch dem Behandlungsteam auf der neonatalen Intensivstation.

Entscheidungsfindung in der Neonatologie

Bei der stellvertretenden Entscheidungsbildung in der Neonatologie kann in Situationen, in denen der Schaden und Nutzen der Intensivmassnahmen nicht eindeutig bestimmt werden kann, weder auf einen „mutmasslichen Willen" noch auf eindeutige Prognosen über die Zukunftsaussichten des Kindes zurückgegriffen werden. Wie wird bzw. wie soll in dieser Situation entschieden werden?

In der sogenannten „EURONIC"-Studie (J Med Ethics 1999; 25: 440–46) wurden verschiedene Aspekte der ethischen Entscheidungsfindung in der Neonatologie erstmals empirisch untersucht. Die Forscherinnen sammelten Daten über die Entscheidungsfindung bezüglich dem Einsatz und dem Unterlassen von lebenserhaltenden Massnahmen in Intensivstationen von acht europäischen Ländern: Frankreich, Deutschland, Italien, Luxemburg, Niederlande, Spanien, Schweden und Grossbritannien.[5]

Die Entscheidungsfindung in den einzelnen Ländern variiert beträchtlich und lässt das medizinische Personal oft in einer ungeklärten Rechtssituation. Für die Kinder ist die Situation von Land zu Land verschieden. Während in Deutschland Lebenserhaltung um fast jeden Preis betrieben wird, ist in den Niederlanden aktive Sterbehilfe möglich. All diesen Ländern gemeinsam ist, dass der Entscheidungsfindungsprozess für das einzelne Kind unstrukturiert verläuft und an beliebigen Örtlichkeiten auf der Intensivstationen stattfindet. Grundsätzlich wurde in allen Ländern die Tendenz festgestellt, dass der Entscheid den Eltern zunehmend vom Klinikchef und nicht mehr einfach vom gerade zur Verfügung stehenden Arzt kommuniziert wird. Auch die Einbindung der Eltern in den Entscheidungsfindungsprozess ist in den einzelnen Ländern sehr unterschiedlich: Während in Grossbritannien an manchen Orten die Eltern selbst über den Entscheid über Einsatz oder Nichteinsatz von lebenserhaltenden Massnahmen bei ihren Kindern entscheiden, werden sie sowohl in Frankreich, Italien und Spanien kaum in den Entscheidungsprozess einbezogen und wenn überhaupt nur indirekt.[6] Bei der EURONIC Studie lassen sich folgende Entscheidungsmodelle unterscheiden: Das Autoritätsmodell, das Delegationsmodell und das Richtlinienmodell.

Das Autoritätsmodell

Beim Autoritätsmodell fällt ein Arzt, meist der Klinikchef, nach eigenem Gutdünken aufgrund seiner fachlichen Erfahrung und entsprechend seinem eigenen Lebensentwurf stellvertretend für das Kind den Entscheid über den Einsatz der Intensivmassnahmen. Nach Belieben konsultiert er vor seinem Entscheid seine Mitarbeitenden.

---

5   The Lancet, Vol. 355, January 8, 2000, S. 79.
6   Arch Dis Child Fetal Neonatal Ed. 1999; 81: F84–F91.

Innerhalb einer pluralistischen, demokratischen Gesellschaft ist dieses Entscheidungsmodell ausser in Notfallsituationen nicht mehr zu akzeptieren, denn ein stellvertretender Lebensentscheid, welcher einer ethischen Güterabwägung bedarf, kann nicht dem Belieben eines persönlichen Lebensentwurfes überlassen werden, denn aus der Perspektive des Kindes sind solche Entscheide willkürlich: Je nach Arzt, dem es in die Hände fällt, wird anders über sein Leben entschieden. Jeder stellvertretende Entscheid ist erst nach einer interdisziplinären Güterabwägung unter Einbezug aller Betroffenen zu treffen. Der Entscheid muss inhaltlich stringent sein und als dem Kind und seinem Lebenskontext angemessen ausgewiesen werden. Über den Entscheidungsfindungsprozess ist Rechenschaft zu geben, die von den Beteiligten auch eingefordert werden kann.

Das Richtlinienmodell

Beim Richtlinienmodell wird versucht, der Willkür des Einzelfallentscheids mit Richtlinien zu begegnen. Bekannt sind die Einbecker Empfehlungen der Deutschen Gesellschaft für Gynäkologie und Geburtshilfe, der Deutschen Gesellschaft für Kinderheilkunde und Jugendmedizin, der Deutschen Gesellschaft für Perinatale Medizin und der Gesellschaft für Neonatologie und Pädiatrische Intensivmedizin. Diese Richtlinien gehen von folgendem Grundsatz aus: Lebenserhaltende Massnahmen sind zu ergreifen, wenn für das Kind auch nur eine kleine Chance zum Leben besteht.[7] Auf den ersten Blick sind damit die Kinder nicht mehr der Entscheidungswillkür einer einzelnen Person ausgeliefert, wie beim Autoritätsmodell, sondern dem Wertekonsens einer Fachgesellschaft. Es ist anzunehmen, dass solche Richtlinien in den anderen Ländern, wie z.B. in den Niederlanden, völlig anders aussehen würden. Der Inhalt der Richtlinien ist stark vom gesellschaftlichen Kontext geprägt, in dem er verfasst wird.

---

7   Z. Gebrutsh. Neonatol. 202 (1998) 261–263.

Die Komplexität der individuellen Entscheidungssituation beim einzelnen Kind verunmöglicht jedoch meist die Anwendung solcher Richtlinien, ausser man geht von der Maxime aus, immer alle lebenserhaltenden Handlungsoptionen auszuschöpfen oder sie erst ab einem bestimmten Reifegrad des Kindes auch tatsächlich einzusetzen. Sobald aber auf eine ethische Güterabwägung eingetreten und das Abwägen von Interessen im Einzelfall erlaubt wird, werden Richtlinien im Sinne von inhaltlichen Vorgaben für den Einzelentscheid nicht mehr anwendbar. Ohne klare Vorgaben für die Güterabwägung im Einzelfall wird das Richtlinienmodell im klinischen Alltag wieder zum Autoritätsmodell. Richtlinien im Sinne von Grundsatzentscheiden sind nur dort sinnvoll, wo keine Einzelfallentscheidungen vollzogen werden können, weil individuelle Kriterien fehlen. In der Neonatologie ist dieser Zeitpunkt strittig: Für die einen Neonatologen sind Einzelfallabwägungen aufgrund von klinischen Kriterien bereits ab der 24. Schwangerschaftswoche sinnvoll, und für die anderen könnten solche Abwägungen erst ab Mitte der 25. Schwangerschaftswoche gemacht werden, da vorher allein der Faktor der Frühgeburtlichkeit für die zukünftige Lebensqualität des Kindes ausschlaggebend sei.

Das Delegationsmodell

Beim Delegationsmodell wird die Entscheidungsverantwortung vom Behandlungsteam entweder an die Eltern oder an eine externe Ethikkommission delegiert. Externe Ethikkommissionen sind in der Praxis nur sehr schwer einsetzbar, denn Entscheide müssen unter Zeitdruck gefällt werden. Dies kann deshalb dazu führen, dass Kinder wegen der verzögerten Verfügbarkeit der Ethikkommission länger am Leben erhalten werden, als ihnen angemessen wäre. Die Rolle der Eltern im Entscheidungsprozess ist komplex: Inwieweit sind sie einer solchen Krisensituation und darüber hinaus als Laien überhaupt in der Lage, einen solchen Entscheid zu fällen? Die Situation der Eltern wird später näher betrachtet.

Das Verfahrensmodell

Als Alternative zu diesen drei Modellen wurde das Zürcher Modell im Sinne eines Verfahrensmodells entwickelt. Dabei wird davon ausgegangen, dass es für den Entscheidungsprozess bei der Einfallabwägung sowohl klare Strukturen und Rahmenbedingungen als auch verschiedene Kompetenzen braucht, ohne dass der inhaltliche Entscheid vorweggenommen werden darf. Danach hat jedes Kind Anspruch auf eine interdisziplinäre Güterabwägung, über welche auch im Nachhinein noch Rechenschaft abgelegt werden kann.

Beim Verfahrensmodell bleibt das normative Ziel die Patientenautonomie, respektive das Patientenwohl, die Güterabwägung erhält jedoch eine klare Struktur. Ausgangspunkt dabei ist die Ambivalenz des Menschseins. Die folgende Abbildung zeigt das Verfahrensmodell.

Entscheidungsziel: Autonomie (Patientenwohl)

Entscheidungsprozess: Ethische Güterabwägung Zürcher Medizin-Ethik-Modell

Ausgangspunkt: Ambivalenz des Menschseins
(Abhängigkeit/Freiheit; Irrationalität/Rationalität; Endlichkeit/Ewigkeit)

Die *formalen* Rahmenbedingungen sind Raum, Zeit, Transparenz und der direkte und indirekte Einbezug aller Betroffenen am Entscheidungsprozess. Die *inhaltlichen* Rahmenbedingungen sind der Bezugspunkt der Menschenwürde und die daraus folgenden Menschenrechte, der gesellschaftliche Pluralismus und die Toleranz vor anderen Werthaltungen. Der Bezugspunkt der Menschenwürde, wonach menschliches Leben nicht ungefragt instrumentalisiert werden darf, verhindert, dass die Toleranz zur Beliebigkeit wird. Es liegt in der stellvertretenden Verantwortung der Behandlungs- und Betreuungsteams, dass das Kind nicht Mittel zum Zweck von Fremdinteressen wird, sondern dass der Entscheidungsprozess sein Wohlergehen zum Ziel hat. Damit dieses Ziel erreicht werden kann, bedarf es auf Seiten des Behandlungsteams der medizinischen und pflegerischen Fachkompetenz, der interdisziplinären Kommunikationskompetenz und der Entscheidungskompetenz. Die letztere zeichnet sich aus durch Kritikfähigkeit gegenüber dem persönlichen Lebensentwurf, die Fähigkeit im Entscheidungsprozess verschiedene ethische Argumentationsmodelle zu erkennen und die Fähigkeit, einen Entscheidungsprozess strukturiert leiten zu können. Eine verbindliche Entscheidungsstruktur soll das Kind vor Entscheidungswillkür und Instrumentalisierung schützen. Die Struktur hat Vergleichbarkeit, Verallgemeinerbarkeit, Kohärenz und Kausalität der Argumente im Entscheidungsprozess sicher zu stellen, wenn die ethischen Prinzipen der Autonomie und des Wohlergehens einerseits und der Gerechtigkeit andererseits mit den Prinzipien der Schadenvermeidung und des Guttuns miteinander abgewogen werden. Entscheidungsverfahren, welche solche Kriterien erfüllen, sind Instrumente der Qualitätssicherung.

Mit dem Zürcher Modell wurde eine verbindliche Verfahrensstruktur für den Entscheidungsprozess geschaffen. Die Anwendung dieses Verfahrensmodells ist aber nur dort sinnvoll, wo Einzelfallabwägungen überhaupt möglich sind. Am Beispiel von Simon wird das Modell vorgestellt.

Simon – nur zwei Tage auf der Welt

Emanuela Erzinger-Manea

Obwohl Simon nur zwei Tage gelebt hat, ist uns sein Schicksal noch stark in Erinnerung, weil ein Kind, dass sieben Wochen zu früh auf die Welt kommt, eigentlich gute Chancen hat, gesund entlassen zu werden. Bei Simon aber führte ein unerwartetes Ereignis vor der Geburt zum frühen Tod.

Seine Mutter, 28-jährig, hatte vor Simon schon zwei gesunde Knaben zur Welt gebracht, die drei und vier Jahre alt waren. Ihre Schwangerschaft war problemlos verlaufen. In der 34. Schwangerschaftswoche (33 4/7 SSW) verspürte sie plötzlich Unterbauchschmerzen, und es kam zu starken vaginalen Blutungen. Die Mutter wurde sofort in das Regionalspital ihrer Wohngemeinde eingeliefert. Dort stellte man beim Kind sehr schwache Herztöne fest. Die Frau musste notfallmässig in die Frauenklinik des Universitätsspitals eingeliefert werden. Hier konnte man keine kindlichen Herztöne mehr ableiten, und im Ultraschall wurde eine Plazentalösung diagnostiziert. Die Ärzte entschieden sich zu einem notfallmässigen Kaiserschnitt.

Simon kam um 6.00 Uhr morgens auf die Welt und wurde – nach ersten Intensivmassnahmen im Gebärsaal – auf die Neonatologie verlegt. Er musste künstlich beatmet werden, bewegte sich kaum, sein Gesicht war ausdruckslos, seine Haut fahlblass. Bereits die ersten Lebensstunden dieses Kindes waren geprägt von einem Maximum an medizinischen Massnahmen, von viel Stress und Hektik. Es blieb für alle Beteiligten weder Zeit noch Raum, die Situation gefühlsmässig zu erfassen.

Unser erster Kontakt zu den Eltern fand im Verlauf dieses Vormittages statt, wobei wir bemüht waren, ihnen die grösste Angst vor der Technik zu nehmen und es ihnen zu ermöglichen, einen ersten wichtigen Kontakt zu ihrem Kind herzustellen, das heisst, Simon zu streicheln, mit ihm zu sprechen und ihn spüren zu lassen, dass sie da sind.

Die folgende Darstellung macht die schwierige Situation von Simon deutlich:

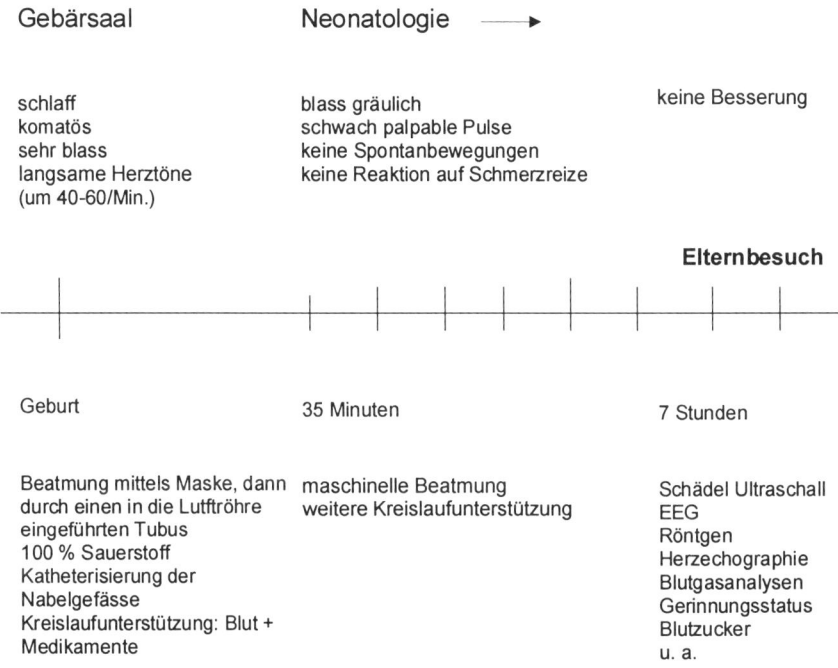

Geringe Überlebenschancen für Simon

Am nächsten Morgen ging es Simon schlechter – trotz aller Intensivmassnahmen. Obwohl diese voll ausgeschöpft waren, zeigte sich keine Besserung. Im Gegenteil: Sein Zustand verschlechterte sich bedrohlich, seine Überlebenschancen waren sehr gering und im Überlebensfall war mit irreversiblen neurologischen Schäden zu rechnen.

Infolge des schweren Krankheitsbildes (Sauerstoffmangel, tiefer Blutdruck, Funktionsversagen sämtlicher Organe) kamen wir zu einer ethischen Besprechung zusammen und entschieden, die intensivmedizinischen Massnahmen zu sistieren.

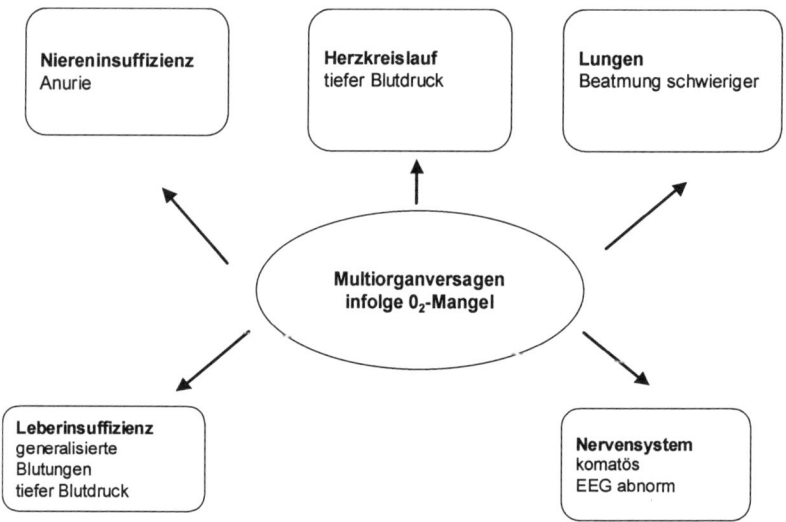

Danach informierten wir die Eltern über die Lage. Dabei zeigte es sich, dass Simons Eltern ihren Sohn gern noch taufen lassen wollten. Leider war sein Gesundheitszustand in der Zwischenzeit so schlecht, dass es nicht mehr möglich war, Verwandte oder Freunde der Familie kommen zu lassen. So organisierten wir eine Nottaufe mit der Spitalseelsorgerin. Sie fand im Intensivzimmer statt, wo wir das Licht eingedämmt hatten. Ein kleiner Blumenstrauss und die schön angeordneten Taufutensilien trugen dazu bei, eine ruhige und der Situation angepasste Atmosphäre zu schaffen. Taufurkunde, Taufkerze, Fotos und Blumen wurden den Eltern zu einem späteren Zeitpunkt zur Erinnerung mitgegeben.

Nach der Taufe legten wir Simon in die Arme seiner Eltern und gaben ihnen Zeit und die Möglichkeit, allein mit ihrem Sohn zu sein, um sich von ihm zu verabschieden. Dann lösten wir ihn von sämtlichen lebenserhaltenden Leitungen und Schläuchen. Er starb eine halbe Stunde später in den Armen seiner Eltern. Mit dem Tod des Kindes ist unsere Aufgabe aber noch nicht beendet.

Einige Tage nach Simons Tod besuchte ich die Mutter auf der Wochenbettstation. Das Bild, das ich antraf, hat mich sehr berührt: Simons Mutter sass auf ihrem Bett. Vor ihr ausgebreitet lagen alle Fotos von Simon, und sie war in ein Telefongespräch vertieft. Mein Besuch freute sie sehr, und sie konnte ihre Gefühle sehr gut in Worte fassen. Wir sprachen lange über die bevorstehende Beerdigung und über Simons Geschwister. Bei meinem nächsten Telefongespräch mit der Familie erzählt mir die Mutter von der Beerdigung und berichtete, dass sie viel Hilfe aus der Nachbarschaft erhalten habe. Drei Monate nachdem Simon gestorben war, kamen die Eltern zu einem weiteren Gespräch auf die Neonatologie. Sie sind noch immer traurig und Simon fehlt ihnen sehr.

Es berührt mich immer wieder zutiefst, wenn ein Kind auf unserer Abteilung stirbt, aber es ist für mich auch eine schöne und sehr befriedigende Aufgabe, die Eltern in dieser schwierigen Phase zu begleiten und mitzuhelfen, dem Kind ein menschenwürdiges Sterben zu ermöglichen.

Die Sterbebegleitung ist uns sehr wichtig, damit die Eltern, wenn sie schon ohne Kind nach Hause gehen müssen, wenigstens gute und trostvolle Erinnerungen an den Abschied von ihrem Kind in unserer Station mitnehmen können. Folgende Überlegungen stehen hinter der Sterbebegleitung auf unserer Neonatologieabteilung.

Sterbebegleitung auf der Neonatologie

> Ich heisse Dich willkommen,
> und gleichzeitig nehme ich in Trauer
> von dir Abschied,
> während ich Dich in meinen Armen halte.
> Dich, der mir wohlbekannt war
> in der Tiefe des Herzens.
> Du bist so wirklich für mich,
> für diese kurzen Momente
> und doch für alle Ewigkeit.
>
> (Aus: „Unendlich ist der Schmerz. Eltern trauern um ihr Kind",
> Julie Fritsch/ Ilse Sherokee, Kösel Verlag.)

Diese Zeilen von Julie Fritsch spiegeln sehr gut eine Hauptproblematik bei der Sterbebetreuung auf einer neonatologischen Abteilung. Die Eltern hatten kaum oder gar keine Zeit, ihr Kind kennenzulernen. Deswegen bleiben ihnen auch fast keine gemeinsamen Erlebnisse und Erinnerungen, die sie mitnehmen könnten. Meist hat niemand sonst aus der Familie oder dem Freundeskreis das Kind kennen gelernt, und für die Eltern ist es schwierig, mit diesen Menschen über ihr verstorbenes Kind zu sprechen.

Ein grosser Teil unserer Rituale bei der Sterbebegleitung berücksichtigt diesen Aspekt. Innerhalb der klaren Strukturen, die den Ablauf auf der Neonatologieabteilung regeln und die Verantwortlichkeiten bestimmen, haben die Eltern die Möglichkeit, den Abschied von ihrem Kind nach ihren eigenen Wünschen und Ritualen zu gestalten. Das Kind hat ein Anrecht darauf, auf den Armen der Eltern und in Geborgenheit sterben zu können. Vorher kann es getauft werden, wenn seine Eltern dies wünschen. Ist es keine Nottaufe, bringen die Eltern meist den eigenen Pfarrer mit. In Notfällen wenden wir uns an den Spitalpfarrer oder die Ärztin, oder die Pflegenden taufen das Kind. In diesem Fall stellt uns danach das zuständige Pfarramt des Spitals einen Taufschein aus. In jedem Fall überreichen wir den Eltern eine Taufkerze mit dem Namen des Kindes und dem Taufdatum.

Damit die Eltern ihr Kind, wenn es stirbt, in die Arme nehmen können, nehmen wir es aus dem Brutkasten, ziehen ihm Kleider an und legen es in ein Bett. In Notfällen, oder wenn die Eltern ihr Kind nicht begleiten können, übernimmt eine Pflegende oder der Arzt diese Aufgabe. In der Regel jedoch nehmen die Eltern und Verwandten in einem ruhigen Raum selber Abschied von ihrem Kind. Ist die Mutter noch hospitalisiert, wird das Kind in den Gebärsaal oder auf die Wochenbettstation gebracht.

Die Eltern bestimmen das Ritual und den zeitlichen Rahmen. Wir unterstützen sie in ihren Entscheidungen und helfen ihnen bei der Durchführung ihrer Vorstellungen. So können sie zum Beispiel dem Kind eigene Kleider anziehen und ihm persönliche Geschenke wie ein Armband oder Spielsachen geben. Solange sie vorbeikommen, bleibt das Kind bei uns auf der Station und sein Bett reserviert. Es wird mit einem Blumenstrauss, einer Namenskarte und seinen Spielsachen geschmückt.

Wir machen von allen sterbenden Kindern Fotos und geben sie den Eltern mit, sofern diese das möchten. Sonst behalten wir sie auf der Abteilung in einer dafür speziell angelegten Kartei, um sie den Eltern später noch geben zu können, wenn sie danach fragen. Im Namen der ganzen Abteilung schreiben wir eine Kondolenzkarte, die wir zusammen mit Informationen über verschiedene Selbsthilfegruppen den Eltern überreichen.

Das interdisziplinäre „Zürcher Modell" zur Urteilsbildung für medizin- und pflegeethische Fragestellungen in der neonatalen Intensivmedizin

Kurt von Siebenthal, Ruth Baumann-Hölzle

Vor der Einführung strukturierter ethischer Gespräche führten meist der Klinikdirektor oder Leitende Arzt solcherart Diskussionen. Schon immer wurden aber auch die Pflegenden und die betreuenden Ärztinnen in die Entscheidungen einbezogen. Die Gespräche waren für das gesamte Team auf der Abteilung zugänglich. Doch es fehlten ein strukturierter Ablauf der Diskussionen, ein offener Austausch über Werte und Normen und vertiefte Reflexionen über die unterschiedlichen Werthaltungen. Die meisten Gespräche waren jeweils ohne vorherige Planung „notfallmässig" einberufen worden.

Das ethische Gespräch

Grundlage des Urteilsbildungsmodells ist ein ethisches Gespräch, das von den Pflegenden oder Neonatologen bei schwierigen Entscheidungen einberufen wird, wenn es sich zum Beispiel um ein sehr unreifes Frühgeborenes (< 26. Schwangerschaftswoche, < 750 g), ein schwer missgebildetes Kind, ein neurologisch geschädigtes Kind handelt, oder wenn es Konflikte mit den Eltern oder unter den Betreuenden gibt. Schon während der täglichen Visiten diskutieren die zuständigen Pflegenden und Ärzte nicht nur die medizinischen, sondern auch die anstehenden ethischen Probleme bei Kindern mit hohen perinatalen Risiken und entscheiden, ob eine strukturierte ethische Diskussionsrunde einberufen werden soll.

In diesem Gespräch geht es unter anderem um die Frage, ob das Kind weiterbehandelt werden soll, oder ob bestimmte Massnahmen unterlassen werden dürfen. Die Diskussion wird von einer Pflegeperson oder einem Arzt geleitet, die speziell in Gesprächsführung ausgebildet worden sind und der Ethikgruppe angehören. Diese Moderatoren stehen nicht in direktem Kontakt mit dem Kind und werden auf ihre Aufgabe in einer kurzen Einführung vorbereitet. Ein Protokoll dokumentiert die Gründe, die zu einem solchen Gespräch führten, und den Entscheidungsfindungsprozess.

Die Runde besteht aus einem „inneren" und einem „äusseren" Kreis. Zum inneren Kreis gehören die Bezugsschwester und Pflegenden, die das Kind betreuen, sowie die Ärztinnen. Nur dieser innere Kreis fällt nach vollzogener Güterabwägung den Entscheid. Ihm steht ein äusserer Kreis beratend zur Seite. Dazu gehören Mitglieder der Ethikgruppe mit medizinischer Ausbildung, deren Aufgabe es ist, die Kontinuität der ethischen Entscheidungen zu garantieren. Es ist deshalb sinnvoll, dass je drei oder vier erfahrene Pflegende und Ärzte Mitglieder der Ethikgruppe sind. Je nach Fragestellung werden zusätzlich Fachpersonen beigezogen (zum Beispiel Pulmonologen, Chirurgen, Ethiker, Seelsorger). Zum äusseren Kreis gehören auch Assistenten in Ausbildung und Pflegende, die durch die Teilnahme an diesen Gesprächen in medizin-ethischer Urteilsbildung geschult werden.

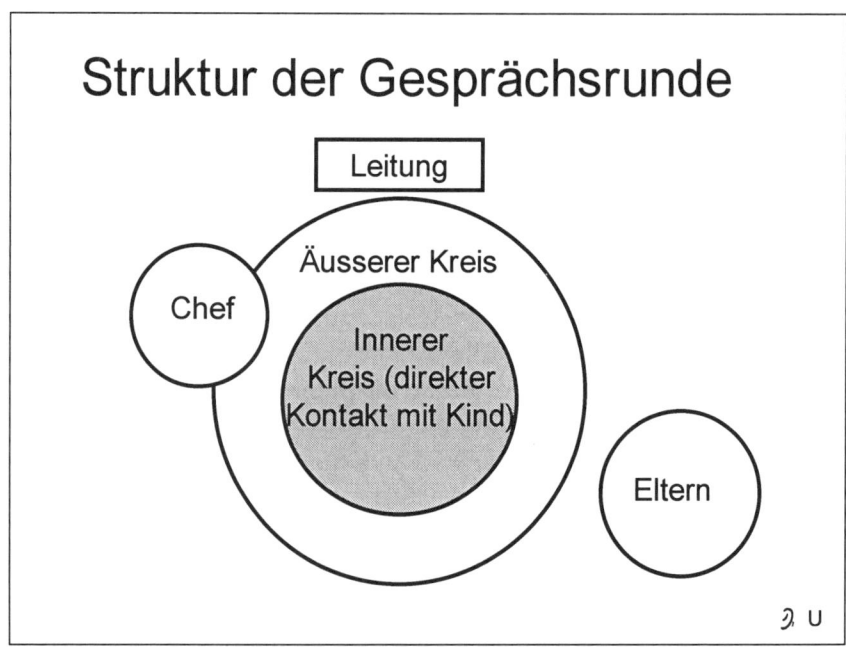

Die Rolle der Klinikleitung

Auch die klinische Leitung oder deren Stellvertretung muss an den Gesprächen teilnehmen. Ist sie in die Betreuung des zu besprechenden Kindes involviert (Bezugsarzt), gehört sie zum inneren, anderenfalls nimmt sie im äusseren Kreis Platz. Denn der Klinikdirektor vertritt die Klinik nach aussen und muss auch rechtlich für die gefällten Entscheide geradestehen. Wenn er einen Entscheid des inneren Kreises nicht mittragen kann, hat er ein Vetorecht, das heisst, er kann eine erneute Diskussionsrunde verlangen.

Die Rolle und Betreuung der Eltern

Die Eltern, welche massgeblich den zukünftigen Lebenskontext, die Entwicklungsmöglichkeiten und die Lebensqualität des Kindes prägen, sind im Entscheidungsprozess sehr wichtig. Ihre Haltung dem Kind gegenüber spielt eine entscheidende Rolle, ohne dass ihnen aber die Entscheidungsverantwortung für oder gegen den Einsatz von lebenserhaltenden Massnahmen allein überantwortet würde. In einer Situation, in der die Eltern von den Ereignissen meist unvorbereitet überrollt werden, brauchen sie zuerst Raum und Zeit, um sich auf die unerwartete Lebenssituation einstellen zu können. In dieser Krise bedürfen die Eltern der Begleitung und Unterstützung. Oftmals müssen sie die Hoffnung und Vorfreude auf ein gesundes Kind aufgeben, bevor sie sich auf ihr Kind mit seinen offensichtlichen Beschränkungen einlassen können. Um sich ein Bild von den Chancen und Risiken ihres Kind machen zu können, sind sie auf Informationen über Diagnose und Prognose angewiesen. Diese Informationen sollen vom Behandlungsteam möglichst eindeutig und kohärent an die Eltern weitergegeben werden.

Zur Betreuung der Eltern hat sich ein so genanntes Bezugssystem bewährt: Immer die gleichen erfahrenen Bezugspersonen – eine Pflegende und ein Oberarzt – begleiten die Eltern eines Neugeborenen mit einem Geburtsgewicht unter 1500 g während des ganzen Krankenhausaufenthalts. Sie führen regelmässig Gespräche mit den Eltern über den Verlauf, den aktuellen Gesundheitszustand des Kindes und planen gemeinsam dessen Entlassung, während sich Informationen von Seiten der unmittelbar Betreuenden an die Eltern auf akute Veränderungen beschränken.

Auf der Basis eines so entstehenden und wachsenden Vertrauensverhältnisses zu festen Bezugspersonen ist es leichter, mit den Eltern umfassend auch über auftretende Probleme und negative Entwicklungen zu sprechen und auf ihre Fragen und Bedürfnisse einzugehen.

Die Bringschuld der Betreuenden gegenüber den Eltern besteht darin, den Dienst der Eltern an ihrem Kind den Umständen entsprechend optimal zu fördern. Ihnen soll ein eigener Weg mit dem Kind ermöglicht werden. Für diese Elternbetreuung ist eine erfahrene Bezugsperson zuständig, die in einfacher und für Laien verständlicher Sprache über die medizinischen Probleme informiert. Unter Umständen und je nach Grundsituation weist diese Bezugsperson auch darauf hin, dass die Grenzen der medizinisch-therapeutischen Mittel erreicht sind und alle weiteren Massnahmen dem Kind nicht mehr ausschliesslich nützen, sondern auch Schaden anrichten oder mit grossem Leiden verbunden sein können. Die Bezugsperson bespricht Handlungsentwürfe mit den Eltern und bezieht diese so indirekt in den Verhaltensentscheid mit ein.

Bei einem bleibenden Dissens wird den Eltern die Möglichkeit vorgeschlagen, einen klinikexternen Experten (Mediziner, Ethiker, Psychologen, Seelsorger etc.) beiziehen zu können. Die Klinik ist für dessen Beizug verantwortlich.

Vorgehen in einer Akutsituation

Notfälle treten entweder unmittelbar nach der Geburt im Gebärsaal auf oder unerwartet im Laufe der späteren Betreuung auf der Neonatologieabteilung. In einer Notfallsituation ist es aus Zeitgründen nicht möglich, die beschriebene Urteilsbildungsstruktur zu Grunde zu legen. Deswegen wird während der Visiten eine zu erwartende Notfallsituation vorbesprochen. In der Regel handelt es sich um sehr unreife Frühgeborene oder um missgebildete Kinder mit einer schweren Störung der Vitalfunktionen.

In einem solchen Notfall muss die betreuende Oberärztin oder der betreuende Oberarzt aufgrund der eigenen Erfahrung und auf der Basis der üblichen hausinternen Richtlinien entscheiden (zum Beispiel keine Intensivmassnahmen bei Frühgeborenen unter 24 bis 25 Schwangerschaftswochen oder bei Kindern mit mehrfachen schweren Missbildungen). Im Zweifel sind sofort Wiederbelebungsmassnahmen einzuleiten, und die Klinikleitung ist darüber zu orientieren. In einer anschliessenden, ruhigeren Phase sind die weiteren Massnahmen mit dem Betreuerteam zu besprechen.

Solche Notfälle unter Zeitdruck sind jedoch dank dem Entscheidungsmodell seltener geworden. Wie die Erfahrung gezeigt hat, lassen sich medizin-ethische Gespräche meistens planbar einberufen, sodass die Struktur des ethischen Entscheidungsfindungsprozesses eingehalten werden kann.

Sieben Schritte zur Entscheidung

Der Entscheidungsfindungsprozess ist in sieben Schritte gegliedert:

1. Medizinischer und pflegerischer Sachverhalt:

Das Betreuerteam fasst die aktuelle medizinische und pflegerische Situation des betreffenden Kindes zusammen und erläutert die bereits aufgetretenen Komplikationen. Dabei werden – soweit bereits abschätzbar – die zu erwartende Behandlungsdauer und die Spätprognose mit berücksichtigt. Die Diskussion basiert nicht nur auf den Daten der Literatur (Epidemiologie, kontrollierte Studien), sondern auch auf den langjährigen klinischen Erfahrungen des Teams. Wenn notwendig, zieht die Diskussionsrunde andere Fachpersonen (Neurologen, Chirurgen, Genetiker) bei, die dann im äusseren Kreis vertreten sind.

2. Der Lebenskontext des Kindes:

Im Gegensatz zu erwachsenen Menschen, die bereits eine Lebensgeschichte hinter sich haben, kann man bei einem Neugeborenen nicht auf einen mutmasslichen Willen zurückgreifen. Umso grösser ist die Bedeutung, die seinem persönlichen Lebensumfeld, seiner Lebensprognose, seinem aktuellen Lebenswillen und Leiden zukommt. Deshalb werden die emotionalen und sozialen Ressourcen des Lebensumfelds von Kind und Familie in die Entscheidungsfindung einbezogen und gleich gewichtet wie die medizinische Prognose und die Risiken. Die Leitfrage lautet: „Welche Unterstützung und Begleitung kann dieses Kind von seinen Eltern und von der Gesellschaft erwarten, in der es leben wird?" Falls das Kind mit chronischen Störungen überlebt, welches sind die Ressourcen seiner Familie und der Gesellschaft, um die Folgen dieser Störungen auf ein Minimum zu reduzieren?

3. Formulierung des ethischen Dilemmas:

Ausgangspunkt der ethischen Güterabwägung ist das ethische Dilemma. Es wird deshalb zuerst formuliert. Dieser Vorgang wird leichter, wenn man die Analyse anhand von vier bioethischen Prinzipien vollzieht: des Autonomieprinzips; des Prinzips, nicht zu schaden; des Prinzips, Gutes zu tun und des Gerechtigkeitsprinzips.

4. Ethische Güterabwägung anhand der folgenden vier Fragen:

1. Wie gross sind die Überlebenschancen, wenn die Intensivmassnahmen fortgesetzt werden? – Wie gross sind sie, wenn diese unterlassen werden? (Verlängerung des Sterbens?).

Eine Beantwortung der ersten Frage setzt die Kenntnis epidemiologischer Daten voraus. Diese sind zum grossen Teil aus der medizinischen Literatur verfügbar, jedoch nicht unbedingt auf unsere Patienten anwendbar. Das ist der Grund, warum wir uns bemüht haben, in unserer Patientenpopulation jene Faktoren zu identifizieren, die für das Überleben entscheidend sind.

2. Wie belastend und schmerzhaft sind weitere lebenserhaltende Massnahmen für das Kind? (Verursacht die Behandlung Leiden?).

Diese Situation muss vor allem das Pflegepersonal beurteilen. Die betreuenden Schwestern haben einen engeren Kontakt zum Kind als die Ärzte und können dessen Reaktionen auf die medizinischen Massnahmen besser beurteilen.

3. Wann wird das Kind nicht mehr von medizinischen Massnahmen abhängig sein und kann es von den Apparaten befreit werden? (Besteht Hoffnung auf selbständige Vitalfunktionen?).

Die Beantwortung der dritten Frage hängt vorrangig davon ab, ob eine chronische, vor allem kardio-pulmonale Erkrankung vorliegt, die eine monate- oder gar jahrelange maschinelle Beatmung notwendig machen würde. Auch in einem solchen Fall haben wir es mit Leiden zu tun. Aussergewöhnliche lebensrettende Massnahmen jedoch sollten immer nur vorübergehend angewendet werden – in unseren Augen ein Grundprinzip der Intensivmedizin.

4. Welche irreversiblen, langfristigen Schädigungen sind zu erwarten? (Wie ist die zukünftige Lebensqualität einzuschätzen, wie wahrscheinlich die Möglichkeit, Autonomie zu erreichen?).

Bei diesem Punkt geht es um die künftige Lebensqualität des Kindes. Um die Frage zu beantworten, müssen alle vorliegenden Faktoren erfasst werden, die für die spätere psycho-motorische Entwicklung des Kindes relevant sind. Dazu wird die klinische Anamnese analysiert, mit möglichen Verlaufskomplikationen wie Asphyxie (Pulslosigkeit), Schock, Hypoxie (Sauerstoffmangel) oder Entzündungen des zentralen Nervensystems. Der anatomische Zustand des Gehirns wird mit Ultraschall regelmässig kontrolliert. Je nach Bedarf wird diese Untersuchung mittels Magnetresonanzbildgebung (MRI) oder Computertomographie (CT) ergänzt, nachdem sich diese beiden Methoden als besonders zuverlässig für die zerebrale Prognose erwiesen haben.

5. Konsensfindung und Verhaltensentscheid:

Um zu einem Konsens zu gelangen, entwirft die Gesprächsgruppe mindestens drei verschiedene Verhaltensmöglichkeiten oder Szenarien.
a: Die bisherigen Massnahmen werden unverändert weitergeführt;
b: es werden weitere Informationen von Experten eingeholt, und dann wird neu entschieden; c: gewisse Intensivmassnahmen werden abgebaut oder unterlassen. Dabei werden die Grundbedürfnisse wie menschliche Zuwendung und Wärme immer gewährleistet. In aussichtslosen Situationen sollte die Ernährung jedoch nicht zur Verlängerung des Lebens führen, sondern nur der vorübergehenden Leidenslinderung

dienen. In diesen Punkten muss der innere Kreis zu einem Konsens gelangen und den Entscheid gemeinsam tragen. Kommt es zu einem Dissens, *muss* ein weiteres Gespräch einberufen werden.

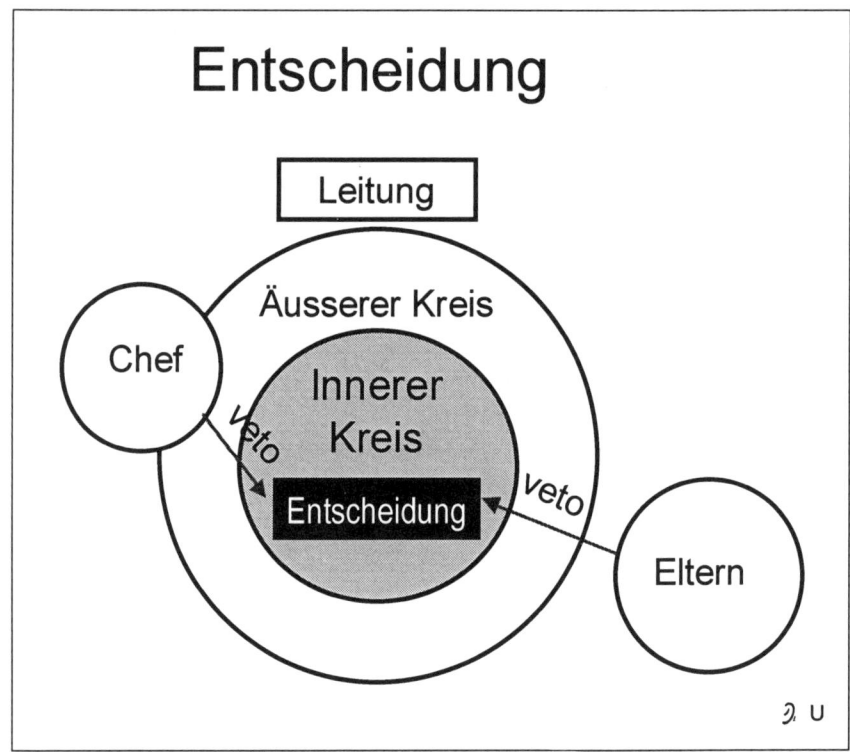

6. *Festlegung der Elternbetreuung:*

Voraussetzung für ein gutes Elterngespräch ist Vertrauen zwischen den Eltern und den Betreuenden. Ihm dient das System fester Bezugspersonen – wie oben geschildert. Es soll ein Gegengewicht zu den vielen wechselnden Betreuungspersonen des Kindes schaffen. Die Frage, ob neonatale Intensivmassnahmen beendet werden sollen, stellt sich jedoch häufig in den ersten 72 Lebensstunden, wenn dieses Betreuungssystem noch nicht zum Tragen gekommen ist. Nicht alle Mütter waren bereits längere Zeit auf der perinatalen Beobachtungsstation hospitalisiert und in Kontakt mit dem Neonatologen. Viele Eltern hatten zum Zeitpunkt, wenn sich eine solche Frage stellt, erst ein Gespräch mit den betreuenden Bezugspersonen, manche noch gar keines. Sie wurden durch die Ärztinnen und Pflegenden, die gerade im Einsatz standen, nur über den Gesundheitszustand und die wichtigsten Massnahmen informiert.

Wichtig ist, dass sich diejenigen, die ein solches Gespräch führen, der schwierigen Situation bewusst sind. Neben viel Empathie kann es hilfreich sein, die schwierigen äusseren Gegebenheiten im Gespräch anzusprechen. Auch sollten jene Personen, die die beste Beziehung zu den Eltern haben, diese Betreuungsaufgabe übernehmen – also eine Person aus dem Pflegebereich, eine Ärztin oder ein Arzt, der die Eltern bereits auf der Perinatalstation oder im Gebärsaal kennengelernt hat. Auch wenn sich der Gesundheitszustand eines Kindes verschlechtert und allgemeine Hektik ausbricht, dürfen solche Personen nicht vergessen werden, sondern müssen zum Gespräch eingeladen werden.

Wichtig ist auch, beide Elternteile anzusprechen – selbst unter Zeitdruck. Immer wieder berichten Eltern, wie hilfreich es für sie war, das Schreckliche gemeinsam mit dem Lebenspartner oder einer eng vertrauten Person teilen zu können. Es hängt viel davon ab, auf welche Weise die Eltern informiert, in den Entscheid einbezogen und begleitet werden. Hier ist ein hohes Verantwortungsbewusstsein gefragt. Umgekehrt birgt gerade diese Aufgabe wohl auch das grösste Risiko für Willkür oder Machtmissbrauch.

Wir sind überzeugt, dass die vorgeschlagene Gesprächsstruktur der ethischen Urteilsbildung auch der Bezugsperson zu einer erhöhten Sicherheit verhilft, weil ein Konsens gefunden wurde und sie sich selbst in der Diskussion mit dem Entscheid auseinandergesetzt hat.

7. Überprüfung der Entscheide:

Die Protokolle, die im Rahmen solcher ethischer Gespräche entstandenen sind, werden statistisch ausgewertet. Überdies lädt die Ethikgruppe die Mitarbeitenden der Klinik für Neonatologie regelmässig zu ethischen Evaluationsrunden ein, um die gefällten Verhaltensentscheide rückblickend zu reflektieren. Und in sogenannten „ethischen Konferenzen" werden auch aussenstehende Fachpersonen aus dem Bereich der Neonatologie sowie Mitglieder von ethischen Foren (Ethiker, Theologen, Pflegepersonen und Juristen) eingeladen, um die getroffenen Entscheidungen anhand eines bestimmten Falles zu diskutieren.

Grundsätzliches

Das vorgestellte Modell ermöglicht, fördert und unterstützt den interdisziplinären Entscheidungsfindungsprozess des Behandlungsteams, bei dem alle Beteiligten ihre eigene Sichtweise gleichwertig einbringen können und die verschiedenen Entscheidungsfaktoren miteinander abgewogen werden. Dank dem medizin-technischen Fortschritt hat das Behandlungsteam sehr viel Macht über Leben, Leiden und Sterben des ihm anvertrauten Kindes. Das Behandlungsteam hat diesem Vertrauen zu entsprechen, indem die Menschen dieses Teams ihre Handlungs- und Entscheidungsverantwortung dem Kind und seinen Eltern gegenüber wahrnehmen. Handlung und Verantwortung gehören zusammen. Das Modell belässt deshalb die letzte Entscheidungsverantwortung beim Behandlungsteam, das vor allem dem Grundsatz des Nicht-Schadens verpflichtet ist.

Das ethische Kernproblem liegt nun aber genau darin, dass die Bestimmung dessen, was bei einem Kind auf der Neonatologieabteilung als „Schaden" zu qualifizieren ist, nicht objektiv bestimmbar ist. Ein Kind als Schaden zu qualifizieren, wie das in Gerichtsurteilen im Ausland immer wieder geschieht, weisen wir als Mitglieder des Arbeitskreises kategorisch zurück. Hingegen sollen die Schädigungen, welche der Einsatz der neonatalen Intensivmedizin bei einem Kind verursachen kann, verantwortet werden können. Sobald diese Verantwortlichkeit akzeptiert wird, kommt man um Güterabwägungen mit menschlichem Leben nicht herum, denn andernfalls müsste man entsprechend dem kategorischen Imperativ in jeder Situation alle Massnahmen zur Überlebenshilfe einsetzen.

Das Schadenpotenzial der Technik ist einem Kind gegenüber zu verantworten. Bei dieser Sichtweise wird die Technik und nicht das Kind als Schaden angesehen, was eine grundsätzlich andere Haltung dem Kind gegenüber mit sich bringt: Die Zumutbarkeit der Technik und nicht die Zumutbarkeit eines Kindes gegenüber seinem Umfeld wird in Erwägung gezogen. Trotzdem kommt man bei der Qualifikation einer Handlung als schädigend nicht um einen Bezugsrahmen und Kriterien herum. Was also wird in Bezug auf ein Kind als „schädigend" angesehen?

Es wird als Pflicht angesehen, dass einem Kind, welches an der Schwelle zum eigenen Leben steht, auch zu einem „eigenen" Leben verholfen werden soll. Dahinter steht die Überzeugung, dass jeder Mensch ein Recht darauf hat, ein „eigenes" Leben führen zu dürfen, indem er seine Abhängigkeiten frei gestalten kann. Es wird also bewusst nicht von der Illusion eines völlig unabhängigen Lebens ausgegangen, sondern von einem menschlichen Freiheitsverständnis, bei dem Abhängigkeit genauso zum Menschsein gehört wie Unabhängigkeit. Die Schwelle der Zumutbarkeit des Schädigungspotenzials der Medizintechnik wird dort überschritten, wo für Menschen keine Aussicht darauf besteht, dass sie je dahin kommen können, ein „eigenes" Leben in Abhängigkeit führen können. Wann dies der Fall ist, lässt sich aber nicht nach objektiven Kriterien festlegen.

Im Modell wird davon ausgegangen, dass das Risiko für ein Kind umso grösser wird, je mehr verschiedene schädigende Wirkungen mit dem Einsatz der Medizintechnik verbunden sind. Es ist deshalb im Rahmen des Modells von zentraler Bedeutung, dass kein einzelner Faktor für den Entscheid allein bestimmend sein darf, sondern verschiedene Faktoren miteinander abgewogen werden. Eine schädigende Wirkung der Medizintechnik reicht nicht aus, um lebenserhaltende Massnahmen unterlassen zu dürfen. Das Modell kann deshalb auch überhaupt nur dort zur Anwendung kommen, wo es verschiedene Entscheidungsfaktoren gibt.

Solange in den Frühphasen des menschlichen Lebens das Schadenpotenzial der neonatalen Intensivmedizin grösser ist als deren Potenzial, Kinder gesund überleben zu lassen, ist nicht der Verzicht auf den Einsatz von Intensivmassnahmen zu rechtfertigen, sondern deren Einsatz. Dies stellt wertmässig eine wichtige Umkehrung der Beweislast dar. Es ist die Überzeugung des ethischen Arbeitskreises, dass gegenüber einem erträglichen Sterben und möglichst geringem Leiden der Kinder genauso Verantwortung zu übernehmen ist wie gegenüber ihrem Überleben. Im Rahmen dieses Denkens wird der Tod nicht als Feind angesehen, sondern als Gegenpool zur Geburt, mit dem stets zu rechnen ist.

Literatur

Baumann-Hölzle R.: (1994), Lebensfähig um welchen Preis? Ethische Probleme der neonatalen Intensivmedizin. Sammelseparatum Schweiz. Rundschau Medizin (PRAXIS) 83: 529–562.

Freed G., Hageman J.: (1996), Clinic in Perinatology; Ethical Dilemmas in the Prenatal, Perinatal, and Neonatal Periods. W.B. Saunders Company, Philadelphia.

Goldworth A., Silverman W., Stevenson D., Yound E.: (1995), Ethics and Perinatology. Oxford University Press, New York.

Hack M. et al., (1994) School-age outcomes in children with birth weights under 750g. The New England Journal of Medicine 331: 753–759.

Hess Chr., Hess-Gabalzar Annina: (2001) Menschenmedizin. Von der Vernunft der Vernetzung. R&R Sachbuchverlag, Zürich.

Hoerster N.: (1995), Neugeborene und das Recht auf Leben. Suhrkamp Taschenbuch Wissenschaft, Frankfurt am Main.

Kuhse H., Singer P.: (1993), Muss dieses Kind am Leben bleiben? Das Problem schwergeschädigter Neugeborener. Harald Fischer Verlag, Erlangen.

Largo R. et al.: (1989) Significance of prenatal, perinatal and postnatal factors in the development of AGA preterm infants at five and seven years. Development Medicine and Child Neurology 31: 440–456.

Von Siebenthal K., Largo R.: (1996), Frühkindliche Risikofaktoren: Ihre Auswirkungen und Bedeutung für die spätere Entwicklung. Kindheit und Entwicklung. 5: 36–44.

Silverman W.: (1992), Overtreatment of Neonates? Personal Retrospektive. Pediatrics 90: 971–976.

Stanley F., English D.: (1986), Prevalence and risk factors for cerebral palsy in a total population cohort of low-birthweight infants. Development Medicine and Child Neurology 28: 559–568.

Stewart A.: (1989) Outcome. In: Harvey D., Cooke R.W.I. & Levitt G.A. (Ed.). The Baby under 1000g, Wright, London.

Stewart A., Pezzani-Goldsmith M.: (1994), Longterm outcome of extremely low birth weight infants. In: Amiel-Tision C and Stewart A (Ed.), The newborn infant – One brain for life. Les Éditions INSERM, Paris, S. 151–166.

Zimmermann M.: (1997), Geburtshilfe als Sterbehilfe. Peter Lang, Europäischer Verlag der Wissenschaften, Bern.

Der Fall Alban: Das Modell auf dem Prüfstand

Kurt von Siebenthal

Als drittes Kind stellen wir Alban, einen frühgeborenen Knaben vor, der nach 27 2/7 Schwangerschaftswochen (SSW) und mit einem Gewicht (GG) von 810 g geboren wurde.

Seine Eltern stammen aus Kosovo. Sie waren zu jener Zeit erst seit ein paar Wochen in der Schweiz, hatten einen Antrag auf Asyl gestellt und lebten in einem Asylantenheim mit beschränkter Privatsphäre. Neben dem Verbot, einer Arbeit nachzugehen, stellt dieser Umstand für viele Asylbewerber die grösste Belastung dar.

Albans Mutter hatte in der 24. Schwangerschaftswoche vaginale Blutabgänge. Mit 25 1/7 Schwangerschaftswochen platzte die Fruchtblase. Die Mutter von Alban entwickelte hohes Fieber, und es fanden sich in den Untersuchungen Hinweise für eine Infektion der Eihäute, weshalb der Knabe mit einem Kaiserschnitt entbunden wurde.

Alban hatte nach der Geburt einen viel zu tiefen Puls von weniger als 100. Mit der Gabe von Sauerstoff (40%) und einem so genannten Nasen-CPAP – über die Nase wird Luft in die Lungen geblasen, um die Lungenbläschen zu füllen – stabilisierte sich die Atmung. Doch zeigte er weiterhin ein deutliches Atemnotsyndrom. Alban wurde auf die neonatale Intensivstation verlegt. Die Röntgenaufnahme bestätigte unreife Lungen (hyaline Membranenkrankheit), eine Überblähung der Lungen und eine Schädigung des Lungengewebes (beginnendes Emphysem).

Schon am ersten Lebenstag kam es zu einer Verschlechterung mit Zunahme des Atemnotsyndroms und ansteigendem Sauerstoffbedarf. Wir entschieden, von der konventionellen Beatmungstechnik auf Hochfrequenzbeatmung zu wechseln. Trotzdem fiel die Sauerstoffsättigung im Blut auf unter 50%. Alban erholte sich etwas, doch die Unterversorgung der Organe mit Sauerstoff blieb bestehen, was in den Lungen zu einer Verengung der Blutgefässe führte und die Sauerstoffsättigung im Blut weiter verschlechterte. Das Betreuungsteam versuchte, die Lungengefässe medikamentös zu erweitern, was jedoch als Nebenwirkung einen arteriellen Blutdruckabfall verursachen kann. Lei-

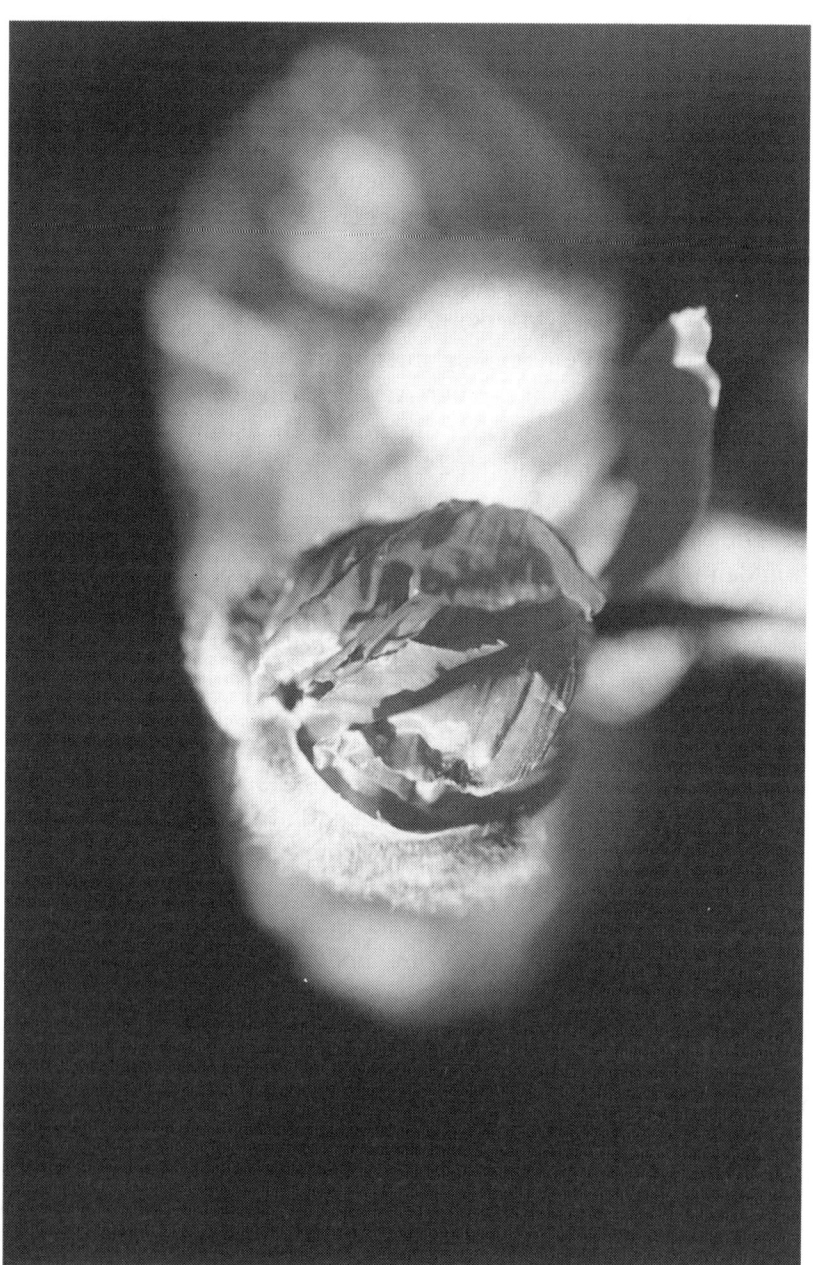

der war dies auch bei Alban der Fall. Über eine Infusion verabreichten wir zusätzlich Flüssigkeit (Volumentherapie) und unterstützten den Kreislauf mit Medikamenten (Dopamin). Jedoch auch diese Massnahmen zeigten keinen Erfolg. Der Zustand von Alban verschlechterte sich weiter. Durch die Unterversorgung der Organe mit Sauerstoff verminderte sich die Urinausscheidung als Zeichen eines beginnenden Nierenversagens, und es traten Gerinnungsstörungen auf, was auf eine Leberschädigung hinwies. Die Atmung allerdings hatte sich stabilisiert, so dass die zusätzliche Gabe von Sauerstoff von 100 % auf 80 % reduziert werden konnte.

Als Anzeichen einer schweren Infektion (Sepsis) auftraten, wurde eine Antibiotikatherapie begonnen. Eine zweite Ultraschallsonografie des Gehirns nach 36 Stunden zeigte eine kleine Blutung im subependenymalen Marklager, was von den Fachleuten als unbedeutender Befund für die spätere Entwicklung bewertet wird.

Zu diesem Zeitpunkt wurde eine ethische Gesprächsrunde einberufen, der bereits heftige Diskussionen während der Schwestern-/Arztvisiten vorausgegangen waren.

Zusammenfassung der wichtigen Diagnosen

- Frühgeborener Knabe der 27 2/7 SSW, GG 810 g
- Vorzeitiger Blasensprung (prolongierter Blasensprung) 2 Wochen vor der Geburt
- Infektion der Eihäute (Amnioninfekt) der Mutter
- Kaiserschnitt (Sectio caesarea)
- Atemnotsyndrom
- Kreislaufschock mit beginnendem Nieren- und Leberversagen
- Blutarmut (Anämie)
- Überzuckerung (Hyperglykämie)
- Germinale Matrixblutung beidseits (intraventrikuläre Blutung Grad I) in der Ultraschalluntersuchung

Um den Entscheid der ethischen Gesprächsrunde vorwegzunehmen: Nach einer langen und schwierigen Diskussion wurde entschieden, die neonatalen Intensivmassnahmen einzustellen. Der betreuende Oberarzt teilte den Eltern diesen Entscheid mit Hilfe eines Dolmetschers mit. Diese waren mit dem Vorschlag einverstanden. Doch: Konnten sie es überhaupt verstehen, in einer derart belasteten Situation, wo sich die Ereignisse stündlich änderten, und in einer für sie völlig fremden, vermutlich bedrohlichen Umwelt? Was wissen wir schon darüber, was in den Eltern in einem solchen Augenblick vorgeht?

Alban wurde extubiert und verstarb nach zehn Minuten.

Fakten und Überlegungen zur ethischen Güterabwägung

Ich möchte nochmals mit Ihnen Halt machen an einigen Wegmarken unserer Überlegungen zur ethischen Güterabwägung. Wie unterscheiden sich die drei Fälle: Ayse, Simon und Alban? Alban hatte vermutlich schon vor der Geburt gelitten. Durch die Infektion des Fruchtwassers und der Eihäute war sein Start in das Lebens ein völlig anderer als jener von Ayse. Alban kam bereits krank zur Welt, während Ayse zwar sehr unreif war, aber mit gesunden Organen geboren worden war. Vermutlich hat diese Unreife wesentlich dazu beigetragen, dass das Mädchen anfälliger für Komplikationen war und durch die therapeutischen Mittel möglicherweise zusätzlich geschädigt wurde.

Wie auch bei Simon zeigten sich bei Alban schon früh Schädigungen der lebenswichtigen Organe, wobei das Gehirn weniger betroffen schien. Doch – im Gegensatz zu Simon – führten bei Alban die therapeutischen Bemühungen zu einer Stabilisation, ja sogar zu einer leichten Verbesserung.

Ich möchte Sie als Leserin bzw. Leser nun einladen, auch einmal selbst inne zu halten und in sich hineinzuhören. Welches war Ihr erster Gedanke, als Sie von Alban hörten? Hat diese Schilderung bei Ihnen ein Unbehagen ausgelöst und Vorbehalte entstehen lassen? Ich bin überzeugt davon, dass man sich zuerst der eigenen Befindlichkeit und seines eigenen Standpunkts bewusst sein muss, bevor man sich auf ein Gegenüber wie Alban einlassen kann. Je nach Lebenskontext, persönlichen Erfahrungen und Wissen werden Sie wohl sehr unterschiedlich Stellung nehmen.

Mit welchen Strukturen arbeiten Sie selbst in Ihrem Arbeitsumfeld? Müssen Sie allein entscheiden, oder stehen Ihnen Mitmenschen zur Seite? Können Sie ethische Entscheidungen in einer ethischen Kommission diskutieren oder an eine solche Institution delegieren?

Was bedeutet für Sie Leiden, was Lebensqualität? Welches ist Ihre Einstellung gegenüber behinderten Mitmenschen? Welche Rolle haben diese in Ihrem Leben bisher gespielt? Welche Bedeutung hat der Tod in Ihrem Leben?

Die vier Schritte der Güterabwägung nach dem Zürcher Modell

Ich versuche die gemachten „Grenzerfahrungen" mit der Gesprächsstruktur aufzuzeigen, die nicht in erster Linie die Grenzen des Modells aufzeigen, sondern viel mehr meine Begrenztheit, meine Ambivalenz dem medizintechnischen Fortschritt gegenüber.

1. Überlebenschance von Alban:

Zunächst einige Fakten. In der Perinatalmedizin sind in den letzten Jahren grosse Fortschritte erzielt worden. So verstarben an der Klinik für Neonatologie (Universitätsspital Zürich) in den Jahren 1989 bis 1991 75% der Kinder mit einem Geburtsgewicht zwischen 500 und 1000 g. Im Jahr 1997 waren es noch 33%, wobei vor allem Kinder mit einem Geburtsgewicht um 500 g betroffen waren. Reifere Kinder mit einem Geburtsgewicht von mehr als 1000 g hatten eine Überlebenschance von über 95%. Mit Hilfe der neonatalen Intensivmassnahmen lagen Albans Überlebenschancen über 75%, ja an einigen Zentren sogar über 90%.

Hier standen der klinische Zustand und die Erfahrung klar der Statistik gegenüber. Gemäss Statistik war Albans Überlebenschance gut, und die Intensivmassnahmen hätten weitergeführt werden müssen.

2. Akutes Leiden:

Wir fragten uns, wie viel Schmerzen und akutes Leid die therapeutischen Massnahmen bei Alban verursachten? Das Kind war intubiert, das heisst, ein Schlauch lag in seiner Luftröhre. Über einen in ein Nabelgefäss eingelegten Katheter erhielt er Schmerzmittel, die auch auf sein Bewusstsein einwirkten.

Auch wenn es schwierig ist, die Wahrnehmung von Frühgeborenen zu beurteilen, nahmen wir an, dass Alban, weil er so schwer krank war, diese Installation und andere therapeutische Eingriffe nicht bewusst wahrnahm. Die betreuende Pflegende zumindest hatte nicht den Eindruck, dass er unter Schmerzen litt. Er reagierte wenig auf äussere Reize, kaum auf Berührung oder andere Manipulationen. Das Leiden stand nicht im Vordergrund bei der Güterabwägung.

3. Abhängigkeit von Apparaturen und medizinischen Massnahmen:

Eine weiterere Überlegung betraf die Dauer der Therapie. Wie lange würde das Frühgeborene von den Apparaturen und therapeutischen Massnahmen abhängig bleiben? Im Röntgenbild wies Alban Zeichen einer schweren Lungenkrankheit und einer Schädigung des Lungengewebes auf. Würde er eine chronische Lungenerkrankung entwickeln und mehrere Wochen dauernde Beatmung sowie mehrere Monate lang Sauerstoff benötigen?

Das kann auf Grund des Röntgenbildes allein nicht beantwortet werden. Allerdings deutete die Verschlechterung – trotz aller möglichen Beatmungsmassnahmen – darauf hin. Die Risikofaktoren als solche beeinflussen die unmittelbare und spätere Entwicklung weniger. Aussagekräftiger ist, wie das Kind mit den ergriffenen Massnahmen umgeht. Wiederum lässt das Modell Raum für eine gewisse Subjektivität. Ist zwei Wochen Abhängigkeit von einer Beatmungsmaschine schon lang, oder ist erst eine Beatmungsdauer von drei Monaten ein langer Zeitabschnitt und ein unzumutbarer Eingriff in die Autonomie eines Individuums? Die Beatmung und deren Dauer sind kein direktes Risiko für spätere Entwicklungsdefizite. Entscheidend ist, ob diese Massnahme ausreichend war, um die Versorgung des Körpers mit Sauerstoff zu gewährleisten. Entscheidender ist, ob die Komplikationen frühzeitig erkannt und behandelt werden können.

In der Diskussion lieferten die Anzeichen eines Leber- und Nierenversagens wichtige Argumente dafür, die neonatalen Intensivmassnahmen nicht weiterzuführen. Ein Teil der Gruppe vertrat die Meinung, dass das Nierenversagen mittels Peritonealdialyse angegangen werden könnte, da nicht voraussehbar war, ob sich die Nieren wieder von diesem Schock erholen würden oder nicht. Es braucht nur einen geringen Anteil von funktionstüchtigem Nierengewebe, damit dieses Organ seine Aufgaben wahrnehmen kann.

4. Langfristige Prognose:

Die wichtigste Frage, zugleich aber auch die am schwierigsten zu beantwortende, galt der Zukunft dieses unreifen Kindes mit einer beeinträchtigten Leber- und Nierenfunktion und geschädigten Lungen. Jede Prognose so früh im Leben und in einer unklaren Situation ist zwangsläufig mit grossen Unsicherheiten behaftet. Wie bereits im vorhergehenden Abschnitt erwähnt, zeigen viele Untersuchungen, dass neonatale Risikofaktoren viel weniger Einfluss auf die spätere Entwicklung haben, als allgemein von Fachleuten und Eltern angenommen. In verschiedenen Studien sind die beiden wichtigsten Risiken die Unreife oder das Gestationsalter, mit dem ein Frühgeborenes zur Welt kommt. Dazu kommt das sozioökonomische und psychosoziale Umfeld (Largo et al., 1989; von Siebenthal et al., 1996).

Wenn die Unreife beeinflusst werden könnte, wäre das Problem der Frühgeburtlichkeit gelöst. Meistens lässt sich keine direkte Ursache für die Frühgeburtsbestrebungen finden, und sie können zur Zeit immer noch nicht verhindert werden. Je früher ein Kind geboren wird, desto höher das Risiko einer beeinträchtigten Entwicklung. Dies gilt für alle Entwicklungsbereiche. In einer bereits älteren Studie von M. Hack und Mitarbeitern hatte die Hälfte der Frühgeborenen mit einem Geburtsgewicht unter 750 g später im Leben mit Schulproblemen zu kämpfen und benötigte Unterstützung beim Lernen (siehe Tabellen 1 und 2). Ausserdem muss mit motorischen Auffälligkeiten, Beeinträchtigungen beim Sehen und Hören und mit Verhaltensauffälligkeiten gerechnet werden, worunter ein hoher Anteil dieser Kinder leidet.

Tabelle 1: Neurologische Auffälligkeiten und Wachstum
von extrem kleinen Frühgeborenen [Hack M. et al., 1994].

Entwicklung 7 Jahre	< 750 g N = 68 %	750–1499 g N = 61 %	TG* N = 61 %
Zerebralparese	9	6	0
Probleme mit Sehen (total)	25	5	2
– blind	6	2	0
Probleme mit Hören (total)	24	13	3
– Taubheit	1,5	1,5	0
– milde Hörstörung (- 25 dB)	22	11	3
Wachstumsauffälligkeiten (- 2 SD)			
– Gewicht	22	22	0
– Länge	25	5	0
– Kopfumfang	35	14	3

*TG = Termingeborene

Tabelle 2: Kognitive Entwicklung und Verhalten
von extrem kleinen Frühgeborenen [Hack M. et al., 1994].

Entwicklung 7 Jahre	< 750 g N = 68 IQ oder %	750–1499 g N = 61 IQ oder %	TG* N = 61 IQ oder %
Mentaler IQ[+]	87 ± 15	93 ± 14	100 ± 13
IQ < 70	21	8	2
IQ < 85	50	28	16
Verminderte neuromot. Funktion	27	7	0
Verminderte visuelle Integration	17	5	0
Verminderte Adaptation	26	14	2
Verhaltensprobleme	37	21	14
Schulprobleme	45	25	14

*TG = Termingeborene
[+]IQ = Entwicklungsquotient

Alban kam mit 27 2/7 Schwangerschaftswochen mit einem Geburtsgewicht von nur 810 g zur Welt. Sein Risiko, später eine neurologische Auffälligkeit im Sinne einer zerebralen Bewegungsstörung zu entwickeln, lag – je nach Studie – bei 7 bis 10 %; das heisst 30- bis 100-mal höher als bei einem Termingeborenen, bei welchen dieses Risiko 0,1 bis 0,3 % ausmacht. Zwar konnte seine Atmung innerhalb kurzer Zeit stabilisiert werden. Hingegen litt er während einer längeren Periode unter Kreislaufschwierigkeiten, die auch zu deutlichen Auswirkungen auf andere Organe wie Leber und Nieren führten. Darüber haben wir bereits gesprochen. Hingegen wurden in zwei Schädelsonografien keine wesentlichen Auffälligkeiten festgestellt. Hirnblutungen treten häufig zwischen den ersten 24 und 72 Stunden auf.

Alban war erst 36 Stunden alt, was für eine definitive Beurteilung noch zu früh war, insbesondere für die viel mehr gefürchteten Leukomalazien, das heisst Befunde, die eine Zerstörung des Hirngewebes dokumentieren. Ein kritischer Punkt ist, dass gerade diese Befunde nicht immer mit den in der Autopsie gefundenen übereinstimmen. Ausserdem könnte der Umstand die Entscheidung ungünstig beeinflussen, dass die das Kind betreuenden Ärzte, die an der Entscheidungsfindung beteiligt sind, ob Intensivmassnahmen weitergeführt werden sollen, vorher auch die Schädelsonografien durchgeführt haben.

Noch einen grösseren Einfluss vor allem auf die geistige und sprachliche Entwicklung hat das sozioökonomische Umfeld, in dem ein Kind aufwächst. Ausserdem kann durch eine adäquate Unterstützung der Eltern und der Kinder dieser Faktor beeinflusst werden. Dies ist aufwendig, braucht Geld und engagierte Menschen, die ihre Verantwortung wahrnehmen. Wie in der Beschreibung des Modells bereits angesprochen, wird dieser Faktor in die Güterabwägung einbezogen.

Die Chance, dass Albans Eltern eine Bleibe in der Schweiz finden würden, war klein. Ihre Zukunft war ungewiss. Falls Alban mit Beeinträchtigungen überleben, Hilfsmittel und Therapien oder gar eine Dialyse brauchen würde, musste er auch Aussicht auf eine solche Unterstützung haben. Aber wollte die Familie überhaupt in dem fremden Land bleiben? Und wenn nicht, durften Alban deswegen die Überlebensmöglichkeiten vorenthalten werden? Ich denke nicht. Doch die psychosozialen Faktoren müssen in die Abwägung mit einbezogen werden, auch um uns als Fachleute, die in die Behandlung und Betreuung involviert sind, darauf aufmerksam zu machen, dass unsere Verantwortung über die unmittelbare Neonatalzeit hinaus geht.

Gesprächsstruktur – ein Geborgenheitsraum: Grenzen im Umgang mit Erfahrung und Fakten

Wie das Beispiel von Alban zeigt, beansprucht eine solche Fallbesprechung relativ viel Zeit, und es ist nicht immer leicht, zu einer Entscheidung zu finden. Auch gibt es keine hundertprozentigen Sicherheiten. Ein Teil des Zeitaufwandes wird dadurch kompensiert, dass es weniger zu Ersatzhandlungen am Kind kommt, welche jeweils ihrerseits Zeit benötigen. Vorrangiges Argument aber bleibt die Tatsache, dass die Gesprächsstruktur, nach der wir vorgehen, eine gewisse Gewähr dafür bietet, dass bei der Urteilsbildung die wichtigsten Aspekte eines kurzen Lebens beachtet, die Lebensumstände und Wünsche der Eltern respektiert und die Überlegungen jener Menschen einbezogen werden, die an der Frühgeburt beteiligt waren, direkt oder indirekt Anteil genommen haben. Die Gesprächsstruktur ist gleichsam ein Geborgenheitsraum, der das Kind vor willkürlichen Entscheidungen schützt. Alle, die an der Urteilsbildung beteiligt sind, einschliesslich jener Person, die die letzte Verantwortung für den Behandlungsentscheid trägt, werden gezwungen, Rechenschaft über ihre Entscheidung abzulegen. Dadurch werden die Entscheide transparent und bewusst gefällt.

Das Modell gewichtet persönliche Erfahrung und Resultate aus Studien gleich. Welche Studie wird den Überlegungen zugrunde gelegt? Wie hoch ist die Erfahrung der an der Diskussion Teilnehmenden? Ist sie relativ klein, bekommen die Studienresultate ein zu hohe Bedeutung – und auch umgekehrt. Dies spielt in einer klaren Situation, zum Beispiel bei einer Überlebenschance von 5 %, eine viel weniger grosse Rolle, wie in der Geschichte von Alban. Das Modell gibt nur den Weg vor, wie diskutiert wird und wie eine Entscheidung gefällt wird. Gerade in den unklaren Fällen ist dies wichtig. Das Modell gibt aber keine Lösungen vor. Nicht das Modell kommt bei einem Kind wie Alban an seine Grenzen, sondern die in den Lösungsprozess involvierten Personen, und sie kämen es erst recht ohne eine solche Gesprächsstruktur.

Da jedoch das Modell alle Meinungen zu Worte kommen lässt, werden die Entscheidungsprozesse in einem Fall wie Alban auch langwierig und schwierig, einem Fall, wo in manchen Punkten auch anders hätte argumentiert und entschieden werden können. Einen absoluten

Schutz vor Entscheidungswillkür kann auch das Modell nicht bieten. Aber es führt zu einer bewussteren Auseinandersetzung mit solchen Kindern und garantiert eine grössere Sensibilität im Umgang mit ihnen.

Literatur

Hack M. et al., (1994) School-age outcomes in children with birth weights under 750 g. The New England Journal of Medicine 331: 753–759.

Largo R. et al., (1989) Significance of prenatal, perinatal and postnatal factors in the development of AGA preterm infants at five and seven years. Development Medicine and Child Neurology 31: 440–456.

Von Siebenthal K., Largo R. (1996), Frühkindliche Risikofaktoren: Ihre Auswirkungen und Bedeutung für die spätere Entwicklung. Kindheit und Entwicklung 5: 36–44.

Modellentwicklung

Ruth Baumann-Hölzle

Das Zürcher Modell konnte nur dank einer bereits bestehenden guten Kommunikationskultur auf der neonatalen Intensivstation und dank der Bereitschaft aller Mitglieder des medizin-ethischen Arbeitskreises Neonatologie zu einem grossen zeitlichen Engagement entstehen. Die Sitzungskonstanz war enorm hoch. Während der ersten fünf Jahre gab es nicht mehr als insgesamt drei Absenzen. Dies war nur deshalb möglich, weil die Arbeitskreismitglieder sowohl in ihrer Freizeit als auch in ihren Ferien an den Sitzungen teilnahmen.

Die Zusammenkünfte fanden alle drei Wochen während eineinhalb Stunden statt, wobei es sich einbürgerte, dass die meisten im Anschluss an die Sitzung noch eine halbe Stunde bei einem gemeinsamen Kaffee zusammensassen. Diese halbe Stunde war gruppendynamisch wichtig, wurden doch in diesem Rahmen die Meinungsdifferenzen freier als an der offiziellen Sitzung ausgetragen. Nach jeder Sitzung fasste ich die wichtigsten Gedanken und Überlegungen zusammen, setzte diese in den grösseren Kontext verschiedener Ethikentwürfe und machte Vorschläge, die an der nächsten Sitzung diskutiert werden sollten. In dieser Art und Weise wurde der interdisziplinäre Gedankenprozess langsam vorangetrieben und es stellte sich mit der Zeit Klarheit über die angestrebten Ziele ein.

Dieser interdisziplinäre Prozess lebte von einem Klima der gegenseitigen Offenheit und Toleranz der Vertreter der verschiedenen Berufsgruppen untereinander. Ausgangspunkt des Prozesses war von allen Beteiligten das Eingeständnis des Nicht-Wissens, wie in dieser Situation Entscheide optimal gefällt werden könnten. Entscheidend für das Gelingen dieses Unternehmens war der Wertekonsens der Gruppe im Hinblick auf den Ausgangs- und den Endpunkt der gemeinsamen Reise: Auszugehen ist vom Anspruch des Kindes als einer Person und anzustreben ist eine ihm persönlich angemessene Behandlung.

Auch als Ethikerin hatte ich keine Antworten, die ich hätte aus der Tasche zaubern können. Die Modellentwicklung war ein gemeinsames Suchen nach einem gangbaren Weg für die Entscheidungsfindung. Das Fachgebiet der Ethik hat dabei die Aufgabe, den Prozess des Suchens zu gestalten. Der notwendige Proviant auf dieser Reise muss von allen Beteiligten aus je ihrem Fachgebiet beigetragen werden.

Zuerst erhofften wir uns zumindest ein paar eindeutige Antworten auf all die schwierigen Fragen. Mit der Zeit stellte sich aber heraus, dass es Eindeutigkeit in dieser Situation nicht gibt, nicht geben kann. Im Entscheidungsmoment – und auch wenn kein bewusster Entscheid getroffen wird, wird entschieden – bleibt immer offen, ob der Entscheid dem Kind angemessen ist. Es lassen sich deshalb nur Formen eines möglichen Umgangs mit den ethischen Dilemmasituationen, die das Können der neonatalen Intensivmedizin hervorbringt, entwickeln. Mit einem transparenten und klar strukturierten Entscheidungsweg kann aber zumindest das Entscheidungsrisiko für das Kind reduziert werden.

Die Entwicklung, Einführung, Anwendung und Auswertung des Modells lässt sich in zehn Phasen unterteilen. Sie werden im Folgenden aufgezeigt.

Phase 1: Analyse der bestehenden medizin-ethischen Urteilsbildung auf der Klinik

Begonnen wurde die Arbeit des medizin-ethischen Arbeitskreises Neonatologie mit einer Analyse der bestehenden Urteilsbildung. Hierfür nahm ich an Sitzungen und Visiten teil und machte auch Tonbandaufnahmen, die ich anschliessend transskribierte.

Dabei gingen wir folgenden Fragen nach: In welchen Diskursgefässen wird medizin-ethische Urteilsbildung betrieben? Wie laufen die medizin-ethischen Urteilsbildungen ab? Welche Werthaltungen werden explizit, welche implizit geäussert?

Es zeigte sich, dass die Urteilsbildung trotz einer bereits bestehenden guten Gesprächskultur relativ willkürlich ablief. Es gab weder klar definierte Örtlichkeiten, noch Diskursgefässe. Zudem wurde oft von einem vermeintlichen Meinungskonsens ausgegangen, der sich beim Nachfragen aber nicht bewahrheitete. So lautete ein viel geäusserter Satz: „Wir sind doch alle einer Meinung, dass …". Der zweite Teil des Satzes wurde dann nicht mehr ausgesprochen. Nach der Aufforderung, diesen Satz doch jeweils zu beenden, wurde dann oft ein Dissens deutlich. Der Einbezug der Pflege in den Urteilsbildungsprozess war nicht selbstverständlich und der interdisziplinäre Diskurs sehr personenabhängig. Für den Entscheidungsbildungsprozess gab es keine verbindliche Struktur.

Vor dem Hintergrund dieser Analyse war die Gruppe nach knapp einem Jahr bereit, sich intensiver auch mit ethischen Theorien und Urteilsbildungsmodellen auseinanderzusetzen.

Phase 2: Kennenlernen von ethischen Argumentationsmustern, Urteilsbildungsmodellen und Theorien

In der Folge beschäftigte sich die Gruppe während eines Jahres mit ethischen Theorien. Zu Beginn war die Auseinandersetzung mit philosophischen Texten für die Leute des Arbeitskreises mühsam. Mit Lexika als Hilfsmittel waren sie aber trotzdem bereit, sich durch die Texte zu quälen. Die Mühe lohnte sich, denn nach einer gewissen Zeit stellte sich der Erfolg ein. Ein Minimum an Begrifflichkeit für das Textverständnis war erlernt worden und damit die Basis für den interdisziplinären Dialog gelegt, die uns seither über manche Schwierigkeiten hinweggeholfen hat.

Phase 3: Werteklärung und Klimadiskussion

Die in der ersten Phase zum Ausdruck gebrachten Werte und Normen wurden nun den entsprechenden Ethikentwürfen zugeordnet. Die in der Phase 2 gelegte Basis ermöglichte nun den Diskurs über ein gemeinsames Wertprofil für die Klinik: „Welche Werte sind uns auf der Abteilung besonders wichtig? Was für ein moralisches Klima möchten wir?" Diese Auseinandersetzungen wurden intensiv und heftig geführt, denn erst jetzt wurden die unterschiedlichen Werthaltungen und Dissense auch deklariert.

Interessanterweise brachten sich die Pflegenden zunehmend aktiver in die Gespräche ein. Die Gruppe beschäftigte sich mit ethischer Literatur zum Umgang mit Neugeborenen auf der Intensivstation und mit unterschiedlichen Haltungen behinderten Menschen gegenüber. Keiner der bestehenden Entwürfe vermochte die Gruppe zu befriedigen, weder das Richtlinien-, noch das Autoritäts- und auch nicht das Delegationsmodell. Es entstand der Wunsch, ein eigenes Urteilsbildungsmodell zu entwickeln.

Phase 4: Gesprächs- und Diskursstrukturen: Erarbeiten eines Urteilsbildungsmodells für die Abteilung

Als Grundlage einer solchen Urteilsbildungsstruktur dienten meine „Sieben Schritte ethischer Urteilsbildung". Da aber bei den Kindern auf der neonatalen Intensivstation nicht auf deren mutmasslichen Willen zurückgegriffen werden kann, mussten sie umgearbeitet werden. Das „Neomodell" wurde entworfen.

Phase 5: Vorstellung des Urteilsbildungsmodells auf der Abteilung

Ein erster Entwurf des Modells wurde auf der Abteilung in zwei je einstündigen Veranstaltungen vorgestellt. Vor dem Hintergrund der Rückmeldungen von der Abteilung wurden einzelne Aspekte nochmals überdacht und im Modell verändert. Überrascht war der Arbeitskreis von der Gruppendynamik, die das Modell sowohl auf der Abteilung als auch innerhalb des Arbeitskreises bei seiner Konkretisierung auslöste. Die Mitglieder des Arbeitskreises wurden innerhalb des Betreuungsteams plötzlich ganz anders wahrgenommen, und sie selbst realisierten erst jetzt die Tragweite des Modells im Hinblick auf die Entscheidungshierarchie. Das Modell löste Verunsicherungen aus, und es wurde eine psychologische Supervision zur Klärung der Gruppenprozesse eingeschaltet.

Phase 6: Auseinandersetzung mit strukturellen und psychologischen Problemen bei der Einführung des Modells auf der Abteilung

Eine systemisch geschulte Psychiaterin, welche bereits Kontakt mit der Intensivstation hatte, übernahm die Supervision. Eine der Leitfragen war: „Was für strukturelle und psychologische Hindernisse stehen der Einführung des Modells auf der Abteilung entgegen?" Es zeigte sich, dass die Ethikgruppe auf der Abteilung plötzlich als ein „Insiderklub" wahrgenommen wurde, dessen Mitglieder über Wissen verfügten, das den anderen Leuten der Abteilung nicht zugänglich war. Diese Situation löste ungute Gefühle aus. Die konsensorientierten Gesprächsrunden, welche auch von Pflegenden geleitet werden, stehen der Spitalhierarchie entgegen. Dies führte auf der Seite der Pflegenden zu Überforderungsgefühlen, während die Ärzteschaft einen Machtverlust befürchtete.

In dieser Situation schien es mir wichtig, die Beteiligten möglichst schnell konkrete Erfahrungen mit dem Modell machen zu lassen. Nur so konnten sie meiner Ansicht nach auch die Entlastung erleben, die das Modell bei der Entscheidungsfindung bringen sollte. Ich schlug deshalb vor, das Modell mit einem Planspiel auf der Abteilung einzuführen, um damit der Verunsicherung sowohl auf der Abteilung als auch innerhalb des Ethikkreises entgegenzuwirken.

Phase 7: Einführung des Modells auf der Abteilung

Das Modell wurde mittels eines zweimaligen Planspiels einer Fallbesprechung auf der Abteilung etabliert. Dabei spielte die Ethikgruppe den inneren Kreis, die Mitarbeitenden der Abteilung spielten den äusseren Kreis. Mit dem Planspiel konnten viele Ängste und Vorbehalte aufgenommen und abgebaut werden.

Phase 8: Evaluation

Nach einem halben Jahr führten wir eine erste Evaluationsrunde durch. Dabei wurden die Gesprächsprotokolle der ersten sechs Monate ausgewertet. Eine schwierige Situation wurde nochmals besprochen. Wie sich in der Folge jedoch zeigte, wollte die Abteilung nicht in regelmässigen Abständen von einem halben Jahr, sondern nach Bedarf evaluieren. In relativ kurzer Zeit fand eine weitere Evaluationsrunde statt. Dann aber wurden die Abstände länger. Diesbezüglich besteht meiner Ansicht nach heute ein Nachholbedarf auf der Abteilung.

Phase 9: Fremdevaluation

Überzeugt von den Erfahrungen mit dem Modell, wollte der Arbeitskreis eine Fremdevaluation, um ein eindeutiges Feedback zu bekommen. Das „Institut für angewandte Psychologie" (Zürich) erklärte sich zu einer solchen Evaluation bereit. Es wurde ein interdisziplinäres nationales Forschungsprojekt mit dem Titel „Evaluation of a Framework for Ethical Decision-Making in Neonatal Intensive Care" formuliert und während zweier Jahre durchgeführt. Das Projekt war im Juni 2001 abgeschlossen.

Phase 10: Aufnahme der Verbesserungsvorschläge in das Modell

Die Fremdevaluation hatte Schwachpunkte des Modells offen gelegt und Verbesserungsvorschläge gemacht. In der Folge wurden die Mitglieder des Arbeitskreises intensiver in Gesprächsführung geschult. Zudem wurden Grundsatzentscheide für die Situationen gefällt, in denen individuelle Kriterien eines Kindes keine Aussagen über seine zukünftige Lebensqualität zu machen vermögen, sondern seine weitere Entwicklung allein von seinem Gestationsalter bestimmt wird.

Erfahrungen mit dem Modell

Hans-Ulrich Bucher

Von Frühling 1997 bis Sommer 2000 sind 75-mal solche strukturierte Gespräche durchgeführt worden. In diesen drei Jahren wurde das Modell ausgefeilt, die Struktur aber im Wesentlichen beibehalten.

Schon bei der Einführung stellten wir uns die Frage nach den Auswirkungen dieses Modells und liessen deshalb in einem vom Schweizerischen Nationalfonds unterstützten Projekt diese durch die Abteilung Angewandte Psychologie, Psychologisches Institut der Universität Zürich, unter der Leitung von Prof. Dr. Francois Stoll evaluieren. Dabei sollte ermittelt werden, wie sich diese strukturierte Entscheidungsfindung auf die Qualität der Entscheidung, auf die einzelnen Beteiligten und auf die Beziehungen zwischen den einzelnen Berufskategorien untereinander und zu den Eltern auswirkt.

Als Informationsquelle wurden die Gespräche mit Video aufgezeichnet, nach jeder Sitzung von allen Beteiligten ein Fragebogen ausgefüllt und in etwa halbjährlichen Abständen alle Mitarbeitenden der Klinik schriftlich befragt.

Mit dem strukturierten Entscheidungsverfahren, in das alle direkt am Kind Tätigen einbezogen werden, lassen sich Belastungen besser verteilen und lässt sich Konflikten vorbeugen. Die Betreuung der Eltern ist einfacher, wenn vorher ein Konsens erreicht wird. Nicht zuletzt wird nach einer sorgfältigen Güterabwägung bei einer aussichtslosen Situation ein Abbruch der Intensivmassnahmen möglich und damit unnötiges Leiden verkürzt. Als sehr nützlich und persönlich gewinnbringend werden diese Gesprächsrunden vor allem von neuen Mitarbeitenden erlebt.

Zusammenfassend hat die qualitative und quantitative Analyse der Videoaufnahmen von vier Gesprächsrunden insgesamt eine gute Übereinstimmung zwischen dem Modell und dem tatsächlichen Prozess der Entscheidungsfindung ergeben. Die Anteile der Äusserungen von Innen- und Aussenkreis zeigten, dass die Regeln hinsichtlich der Reihenfolge, Mitsprachebefugnis und Entscheidung in allen vier Gesprächsrunden im Wesentlichen befolgt wurden. Die befragten Personen wiesen im Schnitt eine sehr positive Einstellung gegenüber den Gesprächsrunden auf. Die spezifischen Auswirkungen der Gesprächsrunden, also die Gefühlslage der befragten Personen, die Beurteilung der Entscheidung, die Gesprächsrunden insgesamt und die Gewichtung der Entscheidungskriterien wurden im Schnitt sehr positiv, der persönliche Nutzen der befragten Personen nach den Gesprächsrunden als zufriedenstellend eingeschätzt.

Die allgemeinen Auswirkungen der Gesprächsrunden (Einstellung und Veränderung der Beziehungen) blieben im Laufe der Zeit konstant. Hingegen veränderte sich, was an den Gesprächsrunden am stärksten missfiel. Die meisten spezifischen Auswirkungen unterschieden sich je nach Datum der Gesprächsrunden signifikant. Zur Erklärung dieser Unterschiede kommen die eingeschätzten Überlebenschancen der Patienten, die Qualität des Entscheidungsprozesses und die beschlossenen Massnahmen in Frage.

Meine Erfahrungen mit dem Modell

Silvia Rauch

Die Pflege erlebe ich engagiert. Kompetent und professionell nimmt sie ihre Funktion wahr. Sie beteiligt sich aktiv und verantwortungsvoll. Dank dieses Modells wird sie auch gezwungen, sich einzubringen. Sie muss eine aktive Rolle einnehmen, und sie nimmt dies als Chance wahr. Die spezifische Sichtweise der Pflege ist wichtig, kennt die betreuende Pflegende doch das Kind und die Eltern am besten.

Normalerweise hat der Assistent eher eine passive Rolle in der Diskussion. Er stellt den medizinischen Sachverhalt vor. Die Oberärztin, welche in der Betreuung die Verantwortung innehat, beteiligt sich deshalb aktiv am Entscheid.

Als Gesprächsleiterin werde ich gefordert. Ein schwieriges und belastendes Gespräch zu führen, stellt hohe Ansprüche, denn immer geht es in diesen Gesprächen um Leben und Tod, Leid und Trauer. Die eigene Betroffenheit kann ich nicht einfach wegstecken, und dem Anspruch, gemäss dem Modell das Gespräch „neutral" zu leiten, werde ich fast nie gerecht. Auch wenn ich das Kind selber nicht pflege, habe ich seine Geschichte miterlebt und bin emotional mehr involviert als eine Person, die seine Geschichte nur zu hören bekommt. Unter Umständen muss ich einen Entscheid akzeptieren, mit dem ich Mühe habe. Das gehört zu meinem Alltag, und ich kann relativ gut damit umgehen. Grosse Mühe hingegen habe ich mit meinen Selbstzweifeln in Bezug auf meine Kompetenzen als Gesprächsleiterin. Diese Gefühle steigen immer wieder auf. Da ich mich in dieser Situation auch als Person in Frage stelle, leidet mein Selbstwertgefühl. Ich setze deshalb grosse Hoffnungen auf die Schulungen in Gesprächsleitung, um im Rahmen unserer Arbeitsgruppe die nötige Kompetenz und Sicherheit erwerben zu können. Sicherlich werde ich auch meine hohen Ansprüche an mich selbst, etwas relativieren müssen.

Die Entscheide werden trotz aller rationalen Abwägung zum Schluss aus dem Bauch heraus gefällt. Es sind Erfahrungen, die zählen. Studien werden zwar erwähnt. Doch selten kann ein Entscheid eindeutig mit medizinischen Fakten belegt werden. Oft bleiben viele Unsicherheitsfaktoren bezüglich der Prognose der neurologische Entwicklung und der Lebensqualität eines Kindes. Man kann nie mit letzter Gewissheit sagen, dass der gefällte Entscheid gut ist.

Mitarbeiterinnen oder aussenstehende Personen treten manchmal mit einer Erwartungshaltung an mich oder an die Ethikgruppe heran, dass wir „es" doch wissen sollten. Auch ich kam mit solchen Erwartungen in die Arbeitsgruppe und mit der Idee, dass ich „es" lerne und dann wisse, wie man damit umgehe und wie man „es" umsetze. Gelernt habe ich sehr viel über ein hoch komplexes Fachgebiet, in dem niemand nie mit letzter Sicherheit wissen kann, was gut oder schlecht ist. Denn in der Entscheidungsfindung geht es nicht um „gut" oder „schlecht", sondern darum, den besten Weg für das Kind zu wählen. Und auch wenn wir überzeugt sind, den „angemessenen" Entscheid gefällt zu haben, bleiben immer Fragen offen. Trotzdem wäre es meiner Ansicht nach keine gute Lösung, die ethische Entscheidung an eine übergeordnete Instanz zu delegieren. Die betreuenden Personen müssen diese Verantwortung trotz allem tragen, stets wohlwissend, dass man „es" nie im letzten Sinne wissen kann.

Dass man zusammensitzt und über so schwierige Fragen spricht, ist für unsere Abteilung selbstverständlich. Und je mehr Gespräche ablaufen und zum Arbeitsalltag gehören und je mehr ich mich in der Ethikgruppe mit diesen Themen auseinandersetze, umso mehr steigen natürlich auch meine Ansprüche und Erwartungen. Je geübter und vertrauter die Teammitglieder werden, je kritischer sind sie auch. Oft orientiere ich mich mehr an den Defiziten oder an meinen zu hohen Erwartungen, statt mich zu freuen, dass auf unserer Abteilung im Vergleich zu anderen Kliniken vieles selbstverständlich ist. Was nicht heissen will, dass wir uns noch verbessern könnten und wollten. Nicht zu unterschätzen ist der Zeitfaktor. Denn unter Zeitdruck ein Gespräch zu führen oder am Gespräch teilzunehmen, bedeutet zusätzlichen Stress. Auch dies ist auf einer Intensivstation oft der Fall. Optimale Verhältnisse sind selten.

Die Struktur des Modell's ist schematisch dargestellt und einfach umsetzbar und anwendbar für die Praxis. So wenigstens war mein erster Eindruck, doch der Schein trügt. Da wir mit diesem Buch unser Modell nach aussen präsentieren, werde ich gezwungen, das Modell kritisch zu hinterfragen und zu überprüfen. Lässt es sich umsetzen im Alltag und wo sind die Schwierigkeiten?

- *Innerer Kreis:*
Nicht immer ist der innere Kreis eindeutig abgrenzbar. Die direkte Du-Beziehung zum Kind berechtigt die Zugehörigkeit zum innern Kreis und nicht ihr Interesse an der Entscheidungskompetenz.
- *Äusserer Kreis:*
Experten sind eine Rarität. Die Abteilungssituation und die Arbeitsbelastung der Pflege lassen es nicht zu, dass auch interessierte Pflegende teilnehmen können. Prozentual sind mehr Ärzte vertreten.
- *Gesprächsleitung:*
Obwohl eine Gesprächsstruktur gegeben ist, ist es manchmal schwierig, diese einzuhalten. Erfahrene und von der Hierarchie her starke Persönlichkeiten übernehmen dann die Leitung und halten sich nur beschränkt an die Struktur.
- *Vetorecht der Eltern:*
Die Eltern werden über ihr Vetorecht nicht informiert. Soll man sie informieren? Sind wir dazu verpflichtet?

Die Elternbetreuung war immer wieder Gegenstand intensiver Auseinandersetzungen im Arbeitskreis. Wie wollen wir die Elternbetreuung gestalten? Sind die Eltern besser betreut, wenn man sie auf dieses Vetorecht aufmerksam macht? Oder schadet diese Information gar, weil die Eltern in dieser Situation oft überfordert sind? Würde diese Information bei den Eltern Misstrauen erwecken? Wie lässt sich das Ziel des Respektes vor der Elternautonomie mit dem Ziel, den Eltern einen vertrauensvollen Umgang mit dem Kind zu ermöglichen, vereinbaren?

Ich bin überzeugt, dass es nicht um Recht oder Absicherung geht. Wenn wir im gemeinsamen Gespräch zu einem Konsens gekommen sind, den besten Weg für das Kind gewählt zu haben, so ist es unsere Pflicht, diese Botschaft den Eltern so zu überbringen, dass sie unsere Betroffenheit und Anteilnahme spüren. Die Verantwortung für den ethischen Entscheid schliesst die Elternbetreuung mit ein. Meiner Ansicht nach, ist es eine Frage des Klimas, ob und wie das Vetorecht im Gespräch eingebracht werden kann.

Mit einem Beispiel aus der Praxis möchte ich zeigen, wie wir die Eltern miteinbeziehen. Ich erinnere mich an ein Gespräch, bei dem die Eltern unseren Entscheid nicht nachvollziehen konnten. Sie waren noch nicht bereit, ihr Kind gehen zu lassen und baten darum, ihm noch eine Chance zu geben. Wir einigten uns darauf, eine weitere Nacht zuzuwarten und zu sehen, wie sich das Kind weiter entwickeln würde. Dies obwohl wir im Behandlungsteam entschieden hatten, die Intensivmassnahmen zu stoppen. Mir persönlich gefällt diese Art und Weise mit Eltern umzugehen besser, als sie formalistisch über ihr Vetorecht zu informieren.

Bei Entscheiden auf der Intensivstation bleiben Unsicherheiten, manchmal auch Ungereimtheiten. Das Modell hilft uns, mit diesen Unsicherheiten besser umgehen zu können, vielleicht auch dem Kind gerechter zu werden. Mehr kann von einem solchen Modell wohl nicht erwartet werden, auch wenn man es sich für solch schwierige Lebensentscheide immer wieder wünschte.

Das Kind im Mittelpunkt

Kurt von Siebenthal

Meine Erfahrung mit dem Modell als Neonatologe resultiert aus meiner Rolle als Mitglied im äusseren Kreis und als Moderator. Eine wichtige Veränderung seit Einführung der Gesprächsstruktur ist, dass die therapeutischen Massnahmen bei Kindern, die sehr unreif sind oder mit schweren Missbildungen zur Welt kommen, von Anfang an und regelmässig diskutiert werden. Das Kind steht im Mittelpunkt. Das Modell führt zu einer bestmöglichen individuellen Güterabwägung.

Dazu verhilft einerseits die Struktur, aber auch der Umstand, dass sich mehrere Personen an der Diskussion beteiligen. Diese sind sich ihrer Verantwortung bewusst und wagen es, ihre Meinung frei zu äussern, auch weil die Struktur einen Schutz innerhalb eines an und für sich hierarchischen Systems bietet.

Wichtig ist, dass der Beziehung zum Kind, aber auch der fachlichen Erfahrung, der Bedeutung von wissenschaftlichen Daten und der Meinung der Experten ein gleich grosses Gewicht beigemessen wird. Indem immer die gleiche Struktur zugrundegelegt wird, bietet sie nicht nur Schutz und Raum, seine eigene Meinung zu äussern, sondern ermöglicht auch Vertrautheit, und sie beschleunigt den Lernprozess. Man beginnt nicht immer bei null. Das Modell ermöglicht es, vorgefasste Meinungen zu erkennen und neue Lösungen zu entwickeln.

Kritische Bemerkungen

Trotzdem möchte ich – aufgrund meiner Erfahrungen mit der Anwendung – einige persönliche und kritische Bemerkungen anfügen: Damit die Struktur Raum und Sicherheit bietet, muss sie genau eingehalten werden. Dies war – wie aus den Protokollen zu ersehen – nicht immer der Fall. So war die Rolle der Klinikleitung lange Zeit nicht klar. Ebenso herrschten Unklarheiten, was die Funktion des äusseren Kreises anbetrifft. Es hat auch nur sporadisch eine Evaluation der diskutierten Kinder stattgefunden, was zu den ganz wichtigen Bedingungen des Modells gehören würde. Eine wichtige Kritik von aussen ist, dass die Eltern nicht direkt in den aktiven Entscheidungsprozess einbezogen sind. Es wird ihnen zwar ein Vetorecht eingestanden, doch wird ihnen dieses Recht oft nicht mitgeteilt, so dass sie nicht davon Gebrauch machen. Ausserdem mangelt es an klaren Strukturen oder an Supervision für diejenigen, die mit den Eltern sprechen. Dies wäre auch wichtig, um weniger Erfahrene in solchen Gesprächen auszubilden.

Eine wichtige Frage für mich ist, ob das Modell zu einer Art Gewöhnung geführt hat, zu einem etablierten Prozedere. Die drei Lösungsvorschläge waren oft mehr oder weniger gleich, nämlich entweder die Intensivmassnahmen zu stoppen, weiterzuführen oder einzuschränken.

Für die Güterabwägung ergab sich schnell ein fixes Rollenverhalten. Die Pflegenden betonten das aktuelle Leiden des Kindes, die ärztliche Seite konzentrierte sich auf den medizinischen Sachverhalt. Im Modell wird der beruflichen Erfahrung ein mindestens ebenso grosses Gewicht beigemessen wie den Daten aus Studien. Doch wurde immer wieder diskutiert, ohne dass man sich auf die Daten der Studien berufen hat, oder diese wurden sehr selektiv ausgewählt.

Ein Bearbeiten der Daten müsste sicher ausserhalb der Diskussion um ein konkretes Kind erfolgen. Dabei schiene es mir wichtig, dass sich sowohl Pflegende wie auch Ärzte mit diesen Daten auseinandersetzen. So wenig diese die Augen vor dem Leiden eines Kindes verschliessen können, so wenig dürfen sich die Pflegenden aus der Verantwortung stehlen, sich mit den medizinischen Daten zu beschäftigen.

Verschiedentlich wurde auch der Einfluss der Klinikleitung kritisiert. Es ist unrealistisch, die Rolle der Erfahrensten, herunterspielen zu wollen. Das Wissen und die Erfahrung erlauben eine Zurückhaltung, ermöglichen es, auch geschehen zu lassen, im Wissen, jederzeit intervenieren zu können. Alle möglichen Lösungen sollten diskutiert werden, auch unter Zeitdruck.

Die Rolle der Moderatoren

Selten liess sich eine unabhängige Moderatorin finden. Wichtig war einerseits, dass sie auch über die notwendigen Sachkenntnisse verfügt, um ein solches Gespräch leiten zu können. Neben der Sachkenntnis muss sie andererseits auch darauf achten, dass die Struktur eingehalten wird und auch die Autorität hat, dafür zu sorgen. Dies war nicht immer gegeben, wenn solche Personen aus der Klinik für Neonatologie stammten. Wichtig ist auch, dass solche Moderatoren Widersprüche erkennen und ansprechen können und dass sie spüren, wenn jemand mit einem Entscheid nicht einverstanden ist. Wenn dies zugelassen wird, trägt das Modell viel zur Klarheit und Offenheit bei.

Gratwanderung zwischen Wissen und Gewissen

Kati Hübner

Im ersten Jahr, während das Modell auf der Abteilung eingeführt wurde, nahmen Ruth Baumann und ich als Aussenstehende bewusst nicht an den medizin-ethischen Gesprächen teil. Das Team sollte möglichst unbeeinflusst seine ersten Schritte mit dem Modell finden.

Immer klarer zeigte sich jedoch, dass der Kreis derjenigen, die teilnehmen können, oft klein ist und es darum schwierig wird, auch noch eine möglichst unabhängige Gesprächsleitung zu stellen. Deswegen begannen wir, im äusseren Kreis zu sitzen, noch ohne zu leiten, denn zumindest für mich galt es, mich mit der ganzen Materie, vor allem der medizinischen, noch besser vertraut zu machen. Ohne ein gewisses medizinisches Grundwissen scheint mir eine Gesprächsleitung unmöglich zu sein, vor allem dann, wenn es bei einem Kind um komplexere Probleme geht.

Bis zum Zeitpunkt dieser Niederschrift habe ich an etwa zehn Gesprächen im äusseren Kreis teilgenommen. Ich habe dabei viele Einblicke und Eindrücke über den Verlauf dieser Gespräche erhalten. Am Anfang fühlte ich mich als Lernende in jeder Beziehung. Mehr und mehr zeigten sich dann die mir wesentlichen Fragen und Gesichtspunkte, um mich am Gespräch zu beteiligen. Schliesslich stellten sich mir wesentliche Fragen zum Verantwortungsgrad des äusseren Kreises, die ich noch ansprechen werde. Eine Gesprächsleitung habe ich bis heute noch nicht übernommen.

Das Leiden im Zentrum

Zunächst möchte ich schildern, wie ich die Besprechungen erlebe und was mir dabei durch Herz und Kopf geht.

Wenn ein medizin-ethisches Gespräch einberufen ist, dauert es in der Regel ein paar Minuten, bis sich alle von der Arbeit losgerissen haben und ins Sitzungszimmer gekommen sind. Während dieser Warteminuten ist es auffallend still in dem kleinen Raum. Die neu Eintretenden kommen zum Teil mit Unterlagen, meist jedoch ohne irgendetwas und setzen sich schweigend. Eine dichte Stille breitet sich aus. Eine Stille, die für sich selbst spricht.

Dann beeindruckt mich jedesmal das grosse fachliche und menschliche Engagement aller Beteiligten. Das kleine Frühgeborene ist dauernd präsent, meist mit Namen. Von Julian ist die Rede, oder von Céline. Im Zentrum steht das Leiden des Kindes, das schon bestandene in den ersten Stunden seines Erdendaseins, das gegenwärtige, das zukünftige in den nächsten Stunden und Tagen und das spätere in den nächsten Jahren. Die Beteiligten wägen sehr sensibel ab, was über dieses Leiden gesagt werden kann. Die Beobachtungen und die Erfahrung der Pflegenden spielen hier, wo es um das direkte Erleben des Kindes geht, eine grosse Rolle. Ihr Wort zählt wie das der Ärzte. Sie können ihr Eigenes einbringen, werden gefragt und gehört.

Viele dieser Gespräche berühren die grossen Fragen des Lebens. Sie reichen an die Grenzen menschlichen Wissens und Handelns. Sie sind eine Gratwanderung zwischen Mut und Demut, zwischen Wissen und Gewissen, auch zwischen Wissen und Nichtwissen. Das ist für alle Beteiligten nicht leicht und erfordert, in ein hohes Mass an menschlicher Reife hinein zu wachsen. Es erfordert auch ein hohes Mass an Achtung vor der Meinung, der Erfahrung und dem Gewissen der anderen.

Wie entscheiden, wenn Gewissen gegen Gewissen steht? In schwierigen Situationen zu einem Konsens zu kommen, erfordert einen langen Atem. Gleichzeitig wartet draussen vor der Tür des Sitzungszimmers schon wieder die normale Arbeit auf alle. Diesem Druck Stand zu halten bis zum guten Konsens ist nicht einfach, aber es lohnt sich. Ein Konsens, mit dem alle gut leben können, erleichtert die Weiterarbeit enorm.

Belastungsprobe für das Team

Ich habe den Eindruck, dass das Zürcher Modell die hohen ethischen und menschlichen Anforderungen aller Beteiligten noch bewusster macht. Sie erscheinen wie unter einer Lupe. Ich empfinde es als positiv und angemessen, wenn ein Team ihnen nicht einfach gewachsen ist. Brüchigkeit und Verletzlichkeit kommen der Sache wohl näher als Perfektion. Einerseits braucht es sehr viel Fachwissen und Erfahrung, um diese Gespräche zu führen und um für das Schicksal des betroffenen Kindes zu einem verantwortungsvollen Konsens zu kommen. Andererseits sind Gespräche und Team zu verzweifeltem Scheitern verurteilt, wenn nicht Einsicht und Akzeptanz dafür da sind, wie beschränkt wirkliches Wissen sein kann in Bezug auf das Leben, Überleben oder Sterben dieser Kinder.

Ein schwieriger Teil dieser Gespräche scheint mir das Mitbedenken der indirekt anwesenden Eltern und des sozialen Umfeldes zu sein. Oft muss ein medizin-ethisches Gespräch stattfinden, wenn ein ausführliches Gespräch mit beiden Eltern noch gar nicht möglich war. Wenn das Kind erst ein paar Stunden da ist, fehlt überall die Zeit und die Musse für ein Kennenlernen der Eltern. Oft sind sprachliche Hindernisse vorhanden. Häufig kommen die Eltern aus einem anderen Kulturraum, der bei uns wenig bis gar nicht bekannt ist. Ihr Empfinden für ihr Kind ist vielleicht anders als wir es gewöhnt sind. Das müsste erfragt werden, und dies wiederum würde – neben einer guten Übersetzung – vor allem Zeit beanspruchen.

Immer wieder sind die Eltern auch gerade erst damit beschäftigt, dass ihr Kind auf die Welt gekommen ist. Sie nehmen ersten Kontakt mit ihm auf, befassen sich innerlich mit ihrer neuen Familiensituation, und sie möchten möglichst glücklich werden mit einem gesunden Kind. Sie sind nicht darauf vorbereitet, dass ihr Kind zu früh geboren wurde und darauf, was diese Frühgeburt für sein Überleben und sein späteres Leben bedeuten könnte. Schon gar nicht sind sie darauf vorbereitet, dass ihr Kind, kaum geboren, gleich wieder sterben könnte. Sie haben sich darauf verlassen, dass alles normal geht. Das Wort „Neonatologie" ist ihnen vielleicht noch nie bewusst zu Ohren gekommen. Sie haben aber gehört, dass die Medizin vieles, sehr vieles möglich macht.

Mit diesen oft grossen Informationslücken kann es sehr schwierig sein, die Eltern des Kindes, ihre Einstellung, ihre Beziehung zum Kind, ihre menschlichen und sozialen Möglichkeiten, ihre Erwartungen, Hoffnungen und Befürchtungen genügend und richtig zu gewichten. Gerade wenn die Zeit drängt, ist die Mitberücksichtigung der Eltern heikel, schwierig und belastend.

Manchmal besteht dann die Gefahr einer vorschnellen Interpretation mehr zu Gunsten der eigenen Sicht als zu Gunsten eines möglichst objektiven Erfassens des Umfelds. Zum Beispiel können Aussagen wie „der Vater lebt in Spanien" oder „im Kosovo hätte das Kind nie die nötige Physiotherapie" zu Ungunsten des Kindes verwendet werden, ohne dass man mit den Eltern Rücksprache nimmt. Aber genau das würde die Zeit benötigen, die nicht zur Verfügung steht. Und Zuwarten, um mit den Eltern noch ein Stück Weg gemeinsam zu gehen, bedeutet für das Kind unter Umständen eine Leidensverlängerung.

Es ist oft wirklich verflixt und sehr schwierig! Trotzdem muss versucht werden, für die Eltern und gemeinsam mit ihnen eine noch befriedigendere Lösung zu erarbeiten.

Insgesamt zeigt sich, dass das Modell und die Struktur medizinethischer Gespräche sehr hohe Anforderungen an alle Beteiligten stellen. Diese Tatsache ruft nicht nur nach ständiger Evaluation, sondern auch nach einer Art „Meta-Gesprächen", das heisst nach regelmässigen Gesprächen auf den betroffenen Stationen, bei denen die auftauchenden Probleme und Fragen grundsätzlich angesprochen und besprochen werden können.

Fragen zur Verantwortung des äusseren Kreises

Je besser ich mich vor allem im medizinischen Bereich zurechtfand, desto mehr konnte ich im äusseren Kreis meine Mitverantwortung für den Verlauf des Gesprächs und für den Entscheid wahrnehmen. Ich fing an nachzufragen, um etwas besser verstehen und mitbeurteilen oder wenigstens nachvollziehen zu können. Ich fragte nach, wenn im inneren Kreis Sätze nicht zu Ende gesprochen wurden. Ich fragte nach, wenn etwas vergessen ging am Ende eines Gesprächs, zum Beispiel das weitere Vorgehen mit den Eltern. Ich begann zu ahnen, wie viele ethische Fragen offen sind und wohl gar nicht beantwortet werden können, solange sie allgemein gestellt werden. Und wenn solche Fragen am einzelnen Kind konkret werden, wer hat die Kompetenz, sie zu beantworten? Insofern kommen mir auch Zweifel am ganzen Unternehmen. Sind wir nicht in Wahrheit oft restlos überfordert, wenn wir entscheiden sollen? Und doch wäre in meinen Augen der Verzicht auf diese Gespräche nur ein Ausweichen.

Ich war dann selbst überrascht, als mir mit mehr Erfahrung die Frage kam: Wie viel Verantwortung trägt eigentlich dieser äussere Kreis? Ist es eine halbe, oder ist es eine ganze Verantwortung? Inwiefern muss der äussere Kreis den inneren Kreis stören können mit Fragen wie „warum ist diese Studie nicht relevant?" oder „werden diese Eltern nicht unterbewertet?" Inwiefern kann und muss der äussere Kreis für den inneren Kreis eine Chance sein, indem er auf blinde Flecken hinweist? Welche Möglichkeiten hat jemand im äusseren Kreis, wenn er oder sie extrem Mühe hat mit dem Verlauf des Gesprächs im inneren Kreis oder mit dessen Entscheidungsfindung? Müsste nicht dafür im Gesprächsverlauf ausdrücklich ein Ort geschaffen werden?

Aus meinem Erleben möchte ich eine volle Mitverantwortung auch im äusseren Kreis beanspruchen, unter Beibehaltung des Modell-Konzepts, nach dem nur die direkt für die Betreuung des Kindes zuständigen Personen im inneren Kreis den Auftrag haben, einen Konsens zu finden. Die Teilnahme im äusseren Kreis würde dann beides beinhalten: sowohl volle Verantwortung für den Verlauf des Gesprächs wie auch Zurückhaltung bei der Konsensfindung und Respekt vor dem gefundenen Konsens des inneren Kreises. Das käme einer sensiblen Balance gleich zwischen äusserem und innerem Kreis, die mit dem Abschluss des medizin-ethischen Gesprächs nicht zu Ende ist, sondern sich fortsetzt bei weiteren Gesprächen auf der Abteilung und mit den Eltern.

Volle Verantwortung im äusseren Kreis während des Gesprächs würde medizin-ethische Gespräche auch mehr verankern in Richtung Öffentlichkeit und Gesellschaft.

Probleme der Neonatologie aus rechtlicher Sicht – Ein Diskussionsvorschlag

Max Baumann

> *In vielen Fragen des Lebens gibt es keine eindeutige Lösung wie bei einer Rechenaufgabe. Meist bedarf es grosser Geduld, vieler Diskussionen und vor allem der Toleranz, um den richtigen Weg zu finden.*
>
> Bertrand Russell

I Vorbemerkungen

1. Der nachfolgende Beitrag ist keine Auseinandersetzung mit dem derzeit geltenden positiven Recht, da es eine gefestigte Praxis zu diesen heiklen Fragen zumindest in der Schweiz schlichtweg nicht gibt.[1] Auch scheint in der einschlägigen Literatur weitgehend Einigkeit darüber zu bestehen, dass es nicht möglich ist, alle hier auftauchenden Probleme in Form verbindlicher Regeln zu lösen: Die Probleme sind zu vielschichtig. Das heisst nicht, dass rechtliche Leitplanken, sofern es sie eben überhaupt gibt, ausser Acht gelassen würden. Es ist aber die Überzeugung des Autors, dass wir es hier immer mit tragischen Entscheidungen zu tun haben, bei denen es fast nie nur eine und erst noch eine richtige Entscheidung gibt, sondern dass bestenfalls moralische Vertretbarkeit und Lebbarkeit für alle davon Betroffenen erreicht werden kann.

   Es sind zwei Fragen, welche die Neonatologie zum Thema für Juristen werden lassen: Die erste betrifft Probleme, welche erst die gewaltige Ausweitung des Könnens der modernen

---

[1] Wie gering die Zahl der juristischen Entscheidungen in diesem Problemfeld selbst europaweit gesehen ist, belegt der „Überblick über Rechtssprechung und Rechtswissenschaft" bei Mirjam Zimmermann: Geburtshilfe als Sterbehilfe, Frankfurt a. M. 1997, 131 ff.

Medizin mit sich gebracht hat. Die zweite betrifft das eigentlich uralte Problem des Handelns für einen Handlungsunfähigen, das heisst die Ermittlung und Befolgung (oder Missachtung) eines bloss vermutbaren – eben mutmasslichen – Willens.

Ich werde im Folgenden nur kurz auf den ersten der beiden genannten Problemkreise eingehen und das Hauptgewicht des Beitrags dann auf den zweiten Fragenkomplex legen. Ausgangspunkt des Folgenden soll eine einleitende Gegenüberstellung von einigen Grundpositionen sein, deren Diskussion oft unterbleibt, die nach Ansicht des Verfassers aber unbedingt mitzuberücksichtigen sind, gerade auch im juristischen Diskurs.

II Einige Grundfragen

2.1 Die Neonatologie beginnt – von der Wortbedeutung her – mit der Geburt, wie auch das juristische Leben als Person „mit dem Leben nach der vollendeten Geburt"[2] beginnt.

Im Zeitalter der pränatalen Diagnostik, der willkürlich eingeleiteten Geburt, wo es medizinisch möglich geworden ist, extremen Frühgeburten das Überleben zu ermöglichen, so dass sich – jedenfalls in Rechtsordnungen, die eine Fristenlösung oder eine grosszügige Indikationenlösung kennen – die Grenzen zwischen einer sozial indizierten Abtreibung und der Tötung einer extremen Frühgeburt zu verwischen beginnen,[3] in diesem Zeitalter müsste nach Ansicht des Autors ernsthaft über das Kriterium der Geburt als Beginn der juristischen Persönlichkeit nachge-

---

2   Art. 31 ZGB, dessen Absatz 2 das Kind ausdrücklich schon vor der Geburt als rechtsfähig erklärt, unter dem Vorbehalt, dass es lebendig geboren wird.

3   Vgl. „Der Spiegel" 27/99, 34 ff.: „Scheussliches Problem" – Ein Chefarzt soll ein abgetriebenes Kind, das noch lebte, umgebracht haben. Siehe auch Zimmermann: (zit. in Fn. 1, 131): „Es ist meines Erachtens inkonsistent, dass eine Frühgeburt in der 26. Woche bereits eine Person mit vollem Personenschutz sein soll, ein entsprechend alter Fötus, der sich aber noch im Mutterleib befindet, nicht."

dacht werden. In die Diskussion, ob ein schützenswertes Leben mit der 20., 26. oder der 28. Schwangerschaftswoche oder ab einem anderen fixen Zeitpunkt[4] beginnt, kann ich mich hier schon aus Platzgründen nicht einschalten.

2.2 Ebenso schwierig ist das Thema der Todesfeststellung – insbesondere die Hirntodfeststellung bei anenzephalen Neugeborenen (mit Fehlen des Schädeldachs und Fehlen oder Degeneration wesentlicher Teile des Gehirns). Genauer besehen geht es hier doch darum, wer – im juristisch-normativen Kontext – ein Mensch sein soll (kann, darf). Und daran schliesst sich gleich die Frage nach dem *menschenwürdigen* gegenüber dem bloss *biologischen* Leben an, die keineswegs deckungsgleich ist mit der Frage nach dem *guten Leben.*

2.3 Nicht ausdiskutiert ist offensichtlich auch das Verhältnis des Individuums – in diesem Zusammenhang des Neugeborenen ohne eigene Lebensgeschichte und mit begrenzter Kommunikationsfähigkeit – gegenüber der Menschengruppe, allen voran der Familie, in die hinein es geboren oder auf technischem Wege „geholt" wird, und deren Situation sich durch das blosse Dasein des Neuankömmlings grundlegend verändern kann, und zwar sowohl bezüglich des ganzen Gefüges als auch der Lebensperspektiven für deren Mitglieder.[5] Die Zahl dieser Fälle, in denen Kinder mit schweren und schwersten Behinderungen kritische vor- und nachgeburtliche oder komatöse Phasen überleben, ist dank der

---

4   Für die 20. Woche: Reinhard Merkel: Extrem unreife Frühgeborene und der Beginn des strafrechtlichen Lebensschutzes in Orsi/Seelmann/Smid/Steinvorth (Hrsg.): Medizin-Recht-Ethik, Berlin 1998, 103–157; für die 26. Woche: Ronald Dworkin: Die Grenzen des Lebens. Abtreibung, Euthanasie und persönliche Freiheit, Reinbek 1994, 27 ff.; für die 28. Woche: Norbert Hoerster: Neugeborene und das Recht auf Leben, Frankfurt a. M. 1995, alle mit weiteren Verweisungen.

5   Empirische Untersuchungen belegen eine „stark erhöhte Scheidungshäufigkeit" nach Geburt eines behinderten Kindes, „häufige Störungen bei Geschwistern von behinderten Kindern" sowie eine starke Einschränkung der freundschaftlichen Beziehungen ausserhalb der Familie (vgl. Zimmermann, zit. in Fn. 1, 162/3).

Fortschritte der Pränatal- und Intensivmedizin deutlich angewachsen.[6]

3. *„Technische Entwicklungen"*

3.1 Zwischen der Petri-Schale der In-vitro-Fertilisation und der Pflege des extrem früh Geborenen verkürzt sich die (für ein Überleben notwendige) Schwangerschaftsdauer immer mehr, wobei vor allem der Zeitpunkt der Beendigung schon im grossen Masse gesteuert werden kann. Solche Entscheidungen werden auf der Basis einer immer aussagekräftigeren Pränatal-Diagnostik gefällt, die ihrerseits wiederum auf den allgemeinen Fortschritten der naturwissenschaftlich orientierten Medizin und Medizinaltechnik beruhen.

3.2 Gleichwohl ist jeder Neonatologie-Patient ein Fall für sich, so dass immer eine Fall-adäquate medizinische Entscheidung über die möglichen Massnahmen nötig ist. Das heisst es ist Sache des Arztes, im konkreten Fall das Spektrum der möglichen Handlungsalternativen zu überprüfen und darzustellen. Dabei ist es unbedingt nötig, dass der Behandelnde auch auf Probleme hinweist, die sich als Folge jeder der möglichen Handlungsvarianten ergeben können, und zwar soweit er das mit seinem Sachverstand und mit seiner Erfahrung überblicken kann, ohne Fragen nach der Belastung des sozialen Umfelds (vgl. oben Ziffer 2.3) oder nach den Kosten auszuklammern. Allerdings darf die „Reichweite" dieses Sachverstandes – besonders hinsichtlich psychisch-sozialer aber auch wirtschaftlicher Probleme – nicht überschätzt werden. Nur wenige Ärzte sind in dieser Hinsicht speziell ausgebildet.

3.3 Diese eher „technisch" orientierte Bestandesaufnahme hat sich nach Möglichkeit zunächst einer Klassifizierung der Handlungsalternativen in sinnvolle und weniger bis überhaupt nicht sinn-

---

6 Vgl. Barbara Fornefeld: Das schwerstbehinderte Kind und seine Erziehung, 2. Aufl., Heidelberg 1998, 9.

volle zu enthalten, da die Sinnfrage in diesem Kontext nicht vom Behandelnden allein entschieden werden kann, und auch nicht allein entschieden werden darf.

3.4 Nur im Notfall ist der Arzt befugt, allein darüber zu entscheiden, welche der möglichen Handlungsalternativen er wählt. In diesem Falle ist die Stabilisierung der Situation, die Schaffung eines Zustandes, der mehr Zeit für die Entscheidung der eigentlichen Sinnfragen lässt, oberstes Gebot. Obwohl das unter Umständen den Eindruck erwecken kann, das Kind, über das entschieden wird, werde dadurch instrumentalisiert, gibt dieser notfallmässige Grundsatzentscheid für ein Weiterleben dem Kinde zumindest die Chance auf einen „optimalen" Entscheid über sein weiteres Schicksal.

„Optimal" ist hier allerdings und bestenfalls nur der Weg der Entscheidungsfindung, während der Entscheid inhaltlich meistens, wenn nicht immer ein tragischer Entscheid zwischen verschiedenen Übeln ist, von denen nicht einmal mit Sicherheit gesagt werden kann, welches denn das kleinste wäre. Zugespitzt wird die Problemstellung nun dadurch, dass in diesen Fällen immer über einen Dritten – den Neonatologie-Patienten – entschieden wird, der noch sein ganzes Leben vor sich hat, ohne sich aber dazu äussern zu können, weshalb nun dieses Problemfeld näher zu betrachten ist.

III Der Neonatologie-Patient

4. *Patient und Parteien*

Der neonatologische Patient – im folgenden das Kind – ist aus juristischer Sicht immer ein handlungsunfähiger (d.h. urteilsunfähiger) Patient, dessen Rechte von Dritten wahrgenommen werden müssen. Stellt man das Kind, um dessen vitale Interessen es geht, in den Mittelpunkt, ergibt sich folgendes Spannungsfeld:

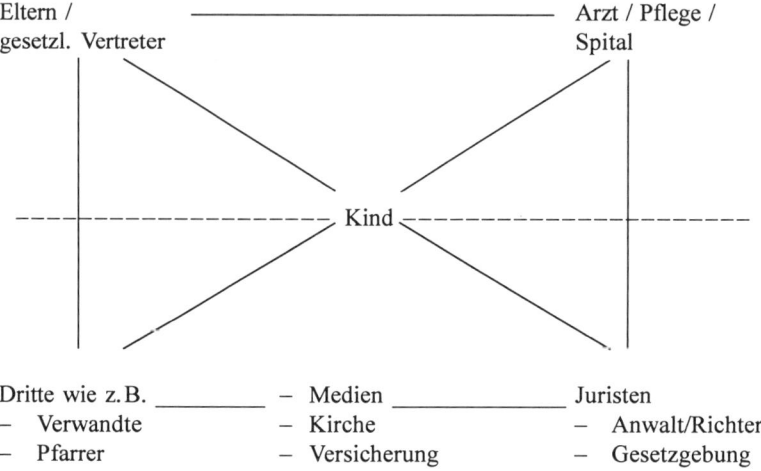

Oberhalb der gestrichelten Linie erscheinen diejenigen Personen, die in einer *Garantenpflicht zum Neugeborenen* stehen, das heisst somit sich auch durch blosses Unterlassen – Eltern lassen ein Kind verhungern / ein Arzt ergreift eine medizinisch notwendige Massnahme nicht – rechtswidrig verhalten können.

5. *Interessen und Interessenwahrnehmung*

Anders als zum Beispiel beim geriatrischen Patienten gibt es vom Kind keinerlei eigene Interessenformulierungen mit der Ausnahme des Lebenswillens und des allgemeinen Anspruches auf ein möglichst gutes Leben.[7] Das hat zur Folge, dass auf Grund einer stellvertretenden Interessenformulierung durch die gesetzlichen Vertreter – meistens die Eltern – entschieden werden muss.

Neonatologische Probleme überfordern die Eltern aber häufig in mehrfacher Hinsicht: Die Erwartungen und Hoffnungen bezüglich des Kindes stehen genauso auf dem Spiel wie die eigene Lebensplanung (Leben mit einem möglicherweise behin-

---

7 Für eine moderne Fassung des aristotelischen Konzeptes des „guten Lebens" vgl. Martha C. Nussbaum: Gerechtigkeit oder Das gute Leben, Frankfurt a.M. 1999.

derten Kind). Dazu kommen Einflüsse aus dem familiären Umfeld wie zum Beispiel Rücksicht auf andere Kinder, eventuell religiöse Fragen und auch finanzielle Überlegungen. Gelegentlich gelangen neonatologische Fälle auch in die Medien, was die Eltern (und das gesamte Umfeld, einschliesslich der Ärzte und Pflege) weiteren Belastungen aussetzen kann. Nicht zu vergessen ist, dass es sich bei den Eltern oft um junge Menschen mit relativ wenig eigener Lebenserfahrung handelt. Schliesslich besteht häufig auch ein enormer Zeitdruck bezüglich der anstehenden Entscheidungen.

Statt eines Dialogs mit einem autonomen Patienten haben Ärzte und Pflege in diesen Fällen daher besonders hohen Anforderungen an ihre Aufklärungs- und Betreuungspflichten zu genügen, um zusammen mit den Eltern zur bestmöglichen (oder anders: zur am wenigsten schlechten) Lösung der Probleme im (letztlich nur zu vermutenden) Interesse des Kindes zu gelangen. Ob derartig heikle Entscheidungen Behandelnden und Eltern tatsächlich allein überlassen beziehungsweise zugemutet werden dürfen, ist angesichts ganz offenkundiger Interessenkonflikte allerdings mehr als fraglich.

6. *Salus oder voluntas aegroti und Interessenkonflikte*

6.1 Die klassische Unterscheidung zwischen dem Wohl (salus aegroti) und dem Willen (voluntas aegroti) des Patienten kann in Neonatologiefällen nur sehr bedingt getroffen werden, da sein (vermuteter) Wille von Stellvertretern formuliert wird, die durch derartige Entscheidungen selber in Interessenkonflikte geraten können (vgl. unten 6.2). Als Folge davon gewinnt das Wohl des Patienten automatisch ein viel stärkeres Gewicht im Entscheidungsprozess, wobei auch hier immer nur abzuschätzen, oft gar nur zu vermuten ist, was diesem Wohl am besten dient.

6.2 Eltern, die sich ein Leben mit einem (stark) behinderten Kind nicht vorstellen können, das Kind deswegen sogar ablehnen, könnten dazu neigen, einem Kind, das unter heutigen Bedingungen eine gute Überlebenschance hat, eine mögliche medizinische Behandlung zu verweigern und es aus dem Spital nach Hause zu nehmen.[8] Zu bedenken ist auch Folgendes: Nur ein totes Kind wird in Zukunft nie (direkt oder auch als „stummer Vorwurf") die Entscheidung der Eltern in Frage stellen.

Ärzte könnten aus Forschungsinteressen heraus versucht sein, eine nach dem Stand der Lehre aussichtslose Situation zu verlängern, unter Umständen sogar unter Inkaufnahme von vermeidbarem Leiden.[9] Versicherer könnten dagegen versucht sein, die Eltern und/oder die Behandelnden zur „kostengünstigsten" Lösung eines Problems zu drängen, das heisst dem (vermeidbaren) Tod eines (eventuell stark) behinderten Kindes zuzustimmen. Religiöse Gruppen, aber auch die Medien könnten versuchen, Entscheidungen zu erzwingen, die nur auf eine Leidensverlängerung für das Kind hinauslaufen etc.

In diesem komplexen Umfeld stellen sich zahlreiche Haftungsfragen (vgl. unten 9). Spätestens hier kommen die Juristen ins Spiel, wenn sie nicht schon bei der Lösung von Interessenkonflikten beigezogen werden.

IV Quid iuris? Oder die Rechte des Kindes

Eltern (gesetzliche Vertreter) wie auch Arzt/Pflege/Spital handeln im oben beschriebenen Umfeld interessenwahrend für das Kind auf der Neonatologie-Station. Die sich daraus ergebenden juristischen Fragen sollen im Folgenden dargestellt werden, ohne dass im Rahmen dieses Beitrags Anspruch auf Vollständigkeit erhoben werden kann.

Rechtlich haben *beide je eine eigene Garantenstellung* gegenüber dem Kind, die sich überschneiden, aber nicht notwendigerweise zu decken brauchen. Vereinfachend kann man sagen,

---

8 Man vergleiche die Fälle, wo Eltern aus religiösen Grunden zu verhindern suchen, dass ein Kind z. B. eine lebensrettende Bluttransfusion erhält.

9 Das Umgekehrte, dass Ärzte ein Kind – immerhin ihr (zahlender) Patient – zu schnell sterben lassen würden, darf wohl eher ausgeschlossen werden.

dass die Garantenpflicht der Eltern die umfassendere ist, da sie insbesondere auch die Perspektiven des Kindes ausserhalb der Neonatologie-Klinik und nach dem spezifisch medizinisch geprägten Umfeld unmittelbar zum Zeitpunkt der Geburt umfasst. Ausgangspunkt der medizinischen Garantenpflicht ist dagegen im Sinne des Hippokratischen Eides primär die Erhaltung des (biologischen) Lebens, während die Sinnfrage nach heutigem Verständnis vom Patienten selbst (möglichst) autononom entschieden wird, wobei es in der Neonatologie diesen autonomen Patienten eben nicht gibt. Oder anders ausgedrückt: Die Garantenpflicht der Eltern dauert grundsätzlich bis zur Mündigkeit des Kindes (und darüber hinaus), während jene der medizinischen Betreuer mit dem Ende der Behandlung erlischt.

7. *Elternpflichten*

Die Eltern treffen im Blick auf das Wohl des Kindes die nötigen Entscheidungen (vgl. Art. 301, Abs. 1 ZGB). Die Eltern haben unter anderem seine körperliche und geistige Entwicklung zu fördern und zu schützen (vgl. Art. 302, Abs. 1 ZGB). Sie haben dem Kind, insbesondere auch dem körperlich oder geistig gebrechlichen, eine angemessene Ausbildung zu verschaffen (vgl. Art. 302, Abs. 2 ZGB).

Haben die Eltern in einer Angelegenheit Interessen, die denen des Kindes widersprechen, so finden die Bestimmungen über die Vertretungsbeistandschaft Anwendung (Art. 306, Abs. 1 ZGB). Ist das Wohl des Kindes gefährdet und sorgen die Eltern nicht von sich aus für Abhilfe, oder sind sie dazu ausser Stande, so trifft die Vormundschaftsbehörde die geeigneten Massnahmen zum Schutze des Kindes (Art. 307, Abs. 1 ZGB).[10]

---

10 Weitere Kindesschutzmassnahmen wie die Aufhebung der elterlichen Obhut (Art. 310 ZGB) oder die Entziehung der elterlichen Sorge (Art. 311 ZGB) müssen in der Regel erst getroffen werden, nachdem die neonatologische Problemsituation geklärt ist.

8. *Pflichten der Behandelnden*[11]

8.1 An erster Stelle steht die *Aufklärungspflicht* gegenüber dem gesetzlichen Vertreter des Kindes.[12] Sie hat Auskunft zu geben über den diagnostischen Befund, Chancen und Risiken eines Eingriffes gegenüber dem Unterlassen einer Behandlung, über mögliche Komplikationen, den zu erwartenden weiteren Verlauf (mit und ohne Behandlung), alternative Eingriffsvarianten.

Hinzu kommt nach schweizerischer Lehre und Rechtsprechung die Aufklärung über wirtschaftliche Aspekte, das heisst die finanziellen Konsequenzen kostspieliger Eingriffe (vgl. BGE 116 II 521, nach einer Entscheidung des Bezirksgerichtes Zürich sogar auch die Vorabklärung über die versicherungsrechtliche Situation, vgl. Schweiz. Juristenzeitung 1989, 249/251).[13]

8.2 Wo Entscheidungen unter Zeitdruck gefällt werden müssen, das heisst ohne dass Zeit bliebe für eine Rücksprache mit dem Vertreter des Neonatologie-Patienten, muss der Behandelnde diese allein auf das „objektiv"[14] zu vermutende Interesse des Kindes ausrichten. Mögliche Eigeninteressen der Vertreter fallen hier von vornherein ausser Betracht.[15] In diese Kategorie fallen ver-

---

11 Im Folgenden wird der Einfachheit halber immer nur von den Pflichten des Arztes ausgegangen; zur wichtigen Rolle der Pflege vgl. unten Ziffer 11.1a und 14.1a.
12 Vgl. dazu Pascal Payllier: Rechtsprobleme der ärztlichen Aufklärung, Zürich 1999.
13 Nach Wiegand (Handbuch des Arztrechtes, herausgegeben von H. Honsell, Zürich 1994, 130) „ist zumindest zweifelhaft, ob diese Entscheidung verallgemeinert werden kann."
14 Besser wäre es wohl, hier von einer „objektivierenden Perspektive" zu sprechen, die sich auf Erfahrungswerte aus vergleichbaren Fällen bezieht. Das Vergleichsmaterial sollte aus möglichst breit gefächerten, institutionsexternen Quellen bezogen werden, um zu verhindern, dass eine Entscheidung lediglich zur Weiterführung und Bekräftigung einer institutionseigenen Praxis führt.
15 Der Behandelnde ist gut beraten, wenn er seine Entscheidung so gut wie möglich dokumentiert, und zwar insbesondere auch bezüglich der Gründe, aus denen heraus sich die Dringlichkeit der Situation ergeben hat sowie allfälliger (erfolgloser) Bemühungen, den Vertreter des Kindes zu erreichen. Auch in der Neonatologie-Situation ist – sofern genügend Zeit besteht – der Einsatz von

mutlich die meisten Entscheidungen, die – nach dem Zürcher Neonatologie-Modell – vom inneren Kreis gefällt und verantwortet werden müssen.

8.3 Stösst der Behandelnde im Rahmen seiner Aufklärungsbemühungen auf Anzeichen von möglicherweise bestehenden Interessenkonflikten zwischen dem Kind und seinen Vertretern, muss er – da er selber eine Garantenstellung hat (vgl. oben IV) – versuchen, diesen Konflikt zu klären und zwar zu Gunsten seines Patienten, des Kindes. Wo ihm dies nicht möglich ist, kann er unter Berufung auf Art. 306/307 ZGB gegenüber den Eltern die Vormundschaftsbehörde anrufen.[16] Gegen Entscheidungen eines Vormunds kann gemäss Art. 420 ZGB Beschwerde an die Vormundschaftsbehörde und gegen deren Beschlüsse Beschwerde an die Aufsichtsbehörde geführt werden.

Die rechtliche Zuständigkeit der Vormundschaftsbehörden ist unbestritten. Ob sie auch sachlich die richtige Instanz für derart heikle Entscheidungen ist, muss – gerade im schweizerischen Miliz-System – sehr stark bezweifelt werden. Es ist unwahrscheinlich, dass Laien-Behörden, die höchst selten mit derartigen Fragen befasst sind, kompetente Entscheidungen fällen können. Schliesslich muss damit gerechnet werden, dass während eines solchen Verfahrens die Zeit für medizinisch notwendiges Handeln knapp werden kann, so dass sich der Behandelnde plötzlich in der oben unter 8.2 beschriebenen Dringlichkeitssituation befindet.

Aufklärungsformularen (für die gesetzlichen Vertreter) grundsätzlich denkbar. Allerdings muss gerade angesichts der schwierigen persönlichen Situation von Eltern eines Neonatologie-Patienten davor gewarnt werden, die geforderte Aufklärung zu stark zu bürokratisieren (vgl. W. Wiegand/S. Abegglen: Die Aufklärung bei medizinischer Behandlung/Modalitäten der Aufklärung und Folgen der Verletzung der Aufklärungspflicht, in: recht 1993, 189–202, insbes. 191/2).

16 Gleiches gilt, wo sich die Eltern nicht einigen können (vgl. Art. 297 Abs. 1 ZGB) und ein notwendiger Entscheid deswegen nicht getroffen werden kann. Der Behandelnde darf nicht mehr gutgläubig (i. S. von Art. 304 Abs. 2 ZGB) das Einvernehmen der Eltern vermuten, wenn er von deren Uneinigkeit Kenntnis hat.

8.4 In der juristischen Literatur ist umstritten, ob der Behandelnde, der im Notfall (vgl. 8.2) eigenmächtig entscheidet, sich allein dadurch rechtfertigen kann, dass er als Geschäftsführer ohne Auftrag interessenwahrend für den Patienten gehandelt hat,[17] oder ob er zusätzlich noch einer mutmasslichen beziehungsweise hypothetischen Einwilligung des Patienten als Rechtfertigungsgrund bedarf.[18]

Im Falle des Neonatologiepatienten scheint mir die Konstruktion von Schmid (Fn 17) als ausreichend, ja überzeugender: Es macht wenig Sinn, bei Neugeborenen, die keine Möglichkeit haben, ihren eigenen Willen zu formulieren, eine hypothetische Einwilligung zu unterstellen, während das bei Patienten, bei denen auf eine mehr oder weniger lange Lebensgeschichte zurückgeblickt werden kann, durchaus Sinn macht. In diesen Fällen die hypothetische (aber eben nicht vorhandene) Einwilligung des gesetzlichen Vertreters als Rechtfertigungsgrund zu fingieren, scheint zu weit hergeholt.

8.5 Eine *Behandlungspflicht* besteht immer in Notfallsituationen. Nebst einer zivilrechtlichen Haftung (dazu unten 9) kann eine Behandlungsverweigerung unter Umständen eine Strafverfolgung wegen Unterlassens der Nothilfe (Art. 128 StGB) auslösen.

Als Besonderheit in Neonatologiefällen ist anzumerken, dass diese Fälle meistens in ein Spital eingewiesen werden (oder bei Geburten im Spital schon „Spitalfälle" sind), deren weitere Behandlung – nebst der Dringlichkeit – meistens eine sehr gut ausgebaute Infrastruktur voraussetzt, was eine Weiterverweisung an eine andere Institution erheblich einschränkt, wenn nicht verunmöglicht. Eine Weiterverweisung kann unter diesem Gesichtspunkt schon eine Behandlungsverweigerung darstellen. Umgekehrt kann der Versuch eines gesetzlichen Vertreters, ein Kind entgegen den Empfehlungen der Ärzte aus einer für das Überleben notwendigen Spital-Infrastruktur herauszunehmen, den Behandelnden im Interesse des Kindes zu Widerstand verpflichten.

---

17 So Jürg Schmid, Zürcher Kommentar, N 18 zu Art. 419–424 OR.
18 So Payllier, zit. in Fn. 12, 109 mit Verweisungen.

8.6 Die *Sorgfaltspflicht* des Arztes ist in Neonatologiefällen grundsätzlich dieselbe wie sie gegenüber jedem anderen Patienten auch besteht, oder in der Formulierung des deutschen Bundesgerichtshofes: „Ob der Arzt einen Behandlungsfehler begangen hat, der zu einer Gesundheitsschädigung des Patienten geführt hat, beantwortet sich ausschliesslich danach, ob der Arzt unter Einsatz der von ihm zu fordernden medizinischen Kenntnisse und Erfahrungen im konkreten Fall vertretbare Entscheidungen über die diagnostischen sowie therapeutischen Massnahmen getroffen und diese Massnahmen sorgfältig durchgeführt hat."[19]

Wiederum eine Besonderheit ist in Neonatologiefällen, dass oft heikelste Entscheidungen zwischen hoher Todeswahrscheinlichkeit und einem Leben mit der hohen Wahrscheinlichkeit einer starken Behinderung getroffen werden müssen, ohne dass die Präferenzen des Patienten selber bekannt sind, sondern bestenfalls nur die seiner Vertreter, die ihrerseits nicht unproblematisch sind (vgl. oben Ziffer 6).

9. *Haftungsfragen*

Grundsätzlich gelten in Neonatologiefällen die gleichen Haftungsregeln wie sie für die ärztliche Tätigkeit allgemein gelten.[20] Nicht näher eingegangen wird hier auch auf die Unterschiede der Haftung bei Behandlung durch den freiberuflichen Arzt oder in einer Privatklinik im Unterschied zur Behandlung im öffentlich-rechtlich organisierten Spital.

In beiden grossen Haftungsbereichen – Aufklärung und Behandlung – besteht in Neonatologiefällen aber die Besonderheit, dass der Patient selber sich nicht äussern kann (und sich auch nie äussern konnte), während die zur Entscheidung berufenen gesetzlichen Vertreter oft selber überfordert oder gar durch eigene Interessen an einer allein patientenbezogenen Entschei-

---

19 BGH in: Neue Juristische Wochenschrift, 1987, 2291.
20 Vgl. dazu M. Kuhn: Die rechtliche Beziehung zwischen Arzt und Patient sowie W. Wiegand: Die Aufklärungspflicht und die Folgen ihrer Verletzung, beide Beiträge im Handbuch des Arztrechtes (zit. in Fn. 13), 21 ff. bzw. 119 ff.

dung gehindert sind. Daraus ergeben sich zwingend höhere Anforderungen an die Entscheidfindung auf Seiten des/der Behandelnden als „sachkundiger" Partei.

V Ein Vorschlag

10. *Ausgangspunkt*

10.1 Das geltende Recht beziehungsweise die Praxis überlässt die schwierigen Fragen, die sich bei Neonatologie-Patienten stellen der Entscheidfindung zwischen Eltern und Behandelnden, wobei in der Regel ein Konsens gefunden wird und gerichtlich ausgetragene Streitfälle höchst selten sind.

Gleichwohl gibt es gute Gründe, diesen Zustand in verschiedener Hinsicht zu hinterfragen:

a) Bei Eltern wie bei den Behandelnden bestehen unbestreitbar (zumindest virtuelle) Interessenkonflikte (vgl. oben 6.2).

b) Offensichtlich sind die (oft jungen) Eltern in derartigen Situationen fast immer überfordert (vgl. oben 5). Zu zweifeln ist aber auch, dass die Behandelnden ihrerseits immer „Herr der Lage" sind und über eine ausreichende und umfassende Kompetenz bei der Betreuung der Eltern über die rein medizinischen Aspekte des Falles hinaus verfügen (vgl. oben 3.2).

c) Schliesslich ist es – zumindest bei der gegenwärtigen Organisation des Vormundschaftswesens in der Schweiz – eine Illusion zu hoffen, im Streit zwischen Eltern und Behandelnden auf diesem Wege zu einer kompetenteren Entscheidung zu gelangen, werden doch auf diesem Wege meistens nur weitere Laien miteinbezogen, die mit derartigen Problemen nicht besser vertraut und genauso überfordert sind.

10.2 Weiter muss nach Ansicht des Autors bezweifelt werden, dass es möglich wäre, allgemeingültige materielle Richtlinien für alle Neonatologie-Fälle zu formulieren, denen im konkreten Einzelfall eine verbindliche Handlungsanweisung entnommen werden könnte, die quasi nur noch „vollstreckt" werden müsste. Das soll nicht heissen, dass es nicht sinnvoll wäre, aus medizinischer Sicht Richtlinien oder Standards für die adäquate Behandlung bestimmter Krankheitsbilder zu schaffen, deren individueller Schweregrad oder Kombination aber doch wieder einen Einzelfallentscheid verlangt.

Wenn schon die Entscheidungskriterien nicht kodifiziert werden können, so könnte aber zumindest ein *Verfahren* vorgesehen werden, welches die Interessen des Neonatologie-Patienten besser schützt als die heute übliche Entscheidfindung zwischen Eltern und Behandelnden. Dass die gemeinsame Entscheidung der beiden Garanten immer und in allen Fällen allein Interessen wahrend für das Kind erfolgt, ist zumindest fraglich.

10.3 Soweit allerdings eine Rechtsordnung aufgrund einer Fristenregelung oder im Rahmen einer Indikationenlösung schon heute die Entscheidung über das Leben des Ungeborenen, eines eventuell extrem Frühgeborenen (bei Indikation für Spätabtreibungen), allein der Mutter zugesteht, muss es dabei bleiben. Das heisst sie wird allein – im Rahmen der bestehenden Regeln – ihre Entscheidungen fällen können, ohne dass ein besonderes Verfahren (wie oben in 10.2 angedeutet und unten in 11.2 und 11.3 näher ausgeführt) durchgeführt werden müsste.

11. *Eine Entscheidungsstruktur zur Entlastung der Betroffenen*

11.1 Bei der Frage, wie mit einem Kind, das neonatologischer Betreuung bedarf, umzugehen ist, wird für das Folgende unterstellt, dass sowohl Eltern als auch die Behandelnden grundsätzlich das Beste für das Kind wollen, wobei es ihnen ihre eigene Situation, ihre eigenen Interessen nicht leicht machen (evtl. gar verunmöglichen), wirklich nur auf die Kindesinteressen ausgerichtete Entscheidungen zu fällen. Das ergibt folgende möglichen Entscheidungswege:

a) *Nach dem Zürcher Modell erarbeiten die Behandelnden* (Ärzte *und* Pflege) *interdisziplinär eine Lösung,* welche sie den

Eltern vorlegen und die offensichtlich auch in den meisten Fällen akzeptiert wird. Gleichwohl entsteht hier der Eindruck eines paternalistischen Denkmodells, welches möglicherweise die Kompetenz der Behandelnden (vor allem in sozialer und wirtschaftlicher Hinsicht) auf der einen Seite überschätzt und auf der anderen Seite (langfristig gesehen) die Bedeutung für die Eltern, an diesem schwierigen Entscheidungsfindungsprozess von Anfang an mitzuwirken (zugegebenermassen auch mitzuleiden) vielleicht unterschätzt.

b) *Der Entscheid wird – auf Grund einer medizinischen Indikation – allein von den Eltern gefällt.* Tritt eine Abklärungs- und allenfalls Beratungspflicht hinzu, wird dadurch zumindest ausgeschlossen, dass Eltern ein behindertes Kind sterben lassen, indem sie es – ohne Abklärung und Beratung – aus einem Spital nach Hause nehmen und das Kind nicht einmal die Chance hat, eine notwendige (und aussichtsreiche) medizinische Versorgung zu erhalten. Gegen diese Option spricht allerdings die notorische Überforderung der Eltern in der konkreten Situation.

c) *Der Entscheid muss von den Eltern und den Behandelnden gemeinsam gefällt werden,* da *beide* in einer Garantenstellung gegenüber dem Kind stehen (vgl. oben IV):

Gegen diesen Weg spricht vor allem der Zeitdruck, unter dem derartige Entscheidungen getroffen werden müssen. Ausserdem müsste für den Fall, dass sich die beiden Garanten nicht einigen können, ein Weg gefunden werden, um trotzdem zu einem schnellen Entscheid kommen zu können, da das Interesse des Kindes es nicht zulässt, dass zwischen den beiden Garanten unter Umständen zuerst ein langwieriges rechtliches Verfahren ausgetragen werden müsste. Dass Vormundschaftsbehörden oder Gerichte kaum die geeignete Instanz für die Entscheidung solcher Fragen sein dürften, wurde bereits erwähnt (vgl. oben 10.1 c).

Da nur ein totes Kind später keine Ansprüche stellt (vgl. oben 6.2) müssten des Weiteren zum Beispiel auch die Haftungsfragen bezüglich der Kosten eines von einer der beiden Parteien gegen den Widerstand der anderen durchgesetzten Entscheides zugunsten des Überlebens des Kindes geklärt werden.[21]

11.2 Trotz der Bedenken bezüglich möglicherweise zum Ausdruck gelangender patriarchalischer Tendenzen scheint also die Entscheidung des inneren Kreises (nach Zürcher Modell) im Zusammenwirken mit den Eltern eine vertretbare, möglicherweise sogar die – unter den konkreten Umständen derartiger Fälle – gar beste (am wenigsten schlechte?) – Lösung zu sein.

11.3 Um die erwähnten Bedenken etwas zu entschärfen, böte sich aus juristischer Sicht die Umgestaltung, breitere Abstützung und Institutionalisierung des äusseren Kreises an, der im wesentlichen Vertreterfunktion für die Öffentlichkeit zu erfüllen hätte und mit dieser Legitimation für Transparenz und Kompetenz sorgen und haftungsbegrenzend wirken könnte.

12. *Institutionalisierung des äusseren Kreises als unabhängige Neonatologie-Kommission*

12.1 Generell besteht bei institutsinternen Gremien (innerer und äusserer Kreis) die Gefahr, dass damit bestimmte institutionsinterne Praktiken festgeschrieben und als „richtig" legitimiert werden, die einer externen Kritik unter Umständen nicht oder nur teilweise standhalten könnten.

12.2 Anders als bei den unter den Fall-spezifischen Sachzwängen zu treffenden Entscheidungen des inneren Kreises ist im äusseren Kreis eher das reflexive Aufarbeiten der Probleme gefragt, welches nicht unter dem gleichen Zeitdruck steht.

Um wirklich eine breit abgestützte Reflexion der Institutions-internen Praktiken des inneren Kreises gewährleisten zu können, sollte dieser äussere Kreis institutionalisiert und zumin-

---

21 Vgl. dazu Eduard Pricker: Schadenersatz für das unerwünschte eigene Leben, „Wrongful Life" Tübingen 1995 sowie derselbe: Schadenshaftung für unerwünschte Nachkommenschaft („Wrongful Birth"), München 1997.

dest zur Hälfte mit Personen besetzt werden, die der betreffenden Institution nicht angehören. Eine derart zusammengesetzte und mit einem öffentlichen Auftrag versehene Kommission wäre ungleich viel besser legitimiert als ein institutionsintern berufenes Gremium. Zugleich ergäbe der Zuzug von externen Fachleuten (zur Zusammensetzung unten 14) ein höheres Mass an Transparenz.

13. *Funktionen einer unabhängigen Neonatologie-Kommission*

13.1 Wie im Zürcher Modell vorgesehen, könnte diese Kommission (äusserer Kreis) den inneren Kreis *beraten* und für eine Kontinuität in der ethischen Entscheidfindung beitragen.

13.2 Bei Uneinigkeit innerhalb des inneren Kreises könnte eine Aussprache mit der Kommission als Mediation gesucht werden, wobei der Kommission in diesem Falle nur eine Vermittlungs- nicht aber Entscheidungsfunktion zukäme. Den letzten Entscheid des inneren Kreises trifft schliesslich, wer ihn im Streitfalle auch rechtlich zu vertreten hat.

13.3 Kommt es dagegen zwischen dem inneren Kreis und den Eltern, die ihre eigene Garantenstellung geltend machen, zum Konflikt, könnte diese Kommission auch als *Rekursinstanz* fungieren, eine Funktion, die im Zürcher Modell dem Ethik-Forum des Universitätsspitals zugewiesen wird, was wiederum Bedenken bezüglich Unabhängigkeit und Legitimation auslöst.

14. *Zusammensetzung der Kommission*

14.1 Angesichts der starken Stellung des inneren Kreises sollte die Mehrheit dieser Kommission (des äusseren Kreises) mit externen Fachleuten besetzt werden. Um das Gremium nicht zu schwerfällig zu machen, wird im Folgenden ein Gremium aus höchstens neun Personen vorgeschlagen:

a) institutionsinterne
- 1 Arzt
- 1 Person aus der Pflege
- 1 Vertreter der Klinik-Leitung

b) externe
- 1 Arzt[22]
- 1 Ethiker (Spitalseelsorger)[23]
- 1 Familientherapeut/Sozialpsychologe[24]
- 1 Person mit Erfahrung in der Betreuung Behinderter[25]
- 1 Ökonom/Versicherungsfachmann[26]
- 1 Jurist[27].

14.2 Verfahrensmässig könnte diese Kommission (wie der äussere Kreis des Zürcher Modells) von den Mitgliedern des inneren Kreises, aber auch von den Eltern angerufen werden. Selbstverständlich könnte die Kommission bei Bedarf weitere Fachleute beiziehen, und es sollte auch nicht ausgeschlossen werden, dass Personen in Ausbildung und Personal der jeweiligen Neonatologie-Station an den Sitzungen als Zuhörer teilnehmen können.

---

22 Gerade die Gefahr der Festschreibung Institutions-interner Praktiken macht es erforderlich, externen medizinischen Sachverstand miteinzubeziehen.
23 Diese Funktion sollte deshalb institutions-extern besetzt werden, weil es ja auch darum geht, die ethische Entscheidungskultur in der Institution zu beurteilen.
24 Die Rolle des Familientherapeuten/Sozialpsychologen bestünde darin, eine Beurteilung möglicher Belastungen für das Umfeld des Kindes – Eltern und Geschwister – in die Entscheidung miteinfliessen zu lassen.
25 Die Langzeit-Perspektive eines Lebens mit einer (schweren) Behinderung fehlt in der Berufspraxis des Personals von Neonatologie-Abteilungen völlig.
26 Es macht nach Ansicht des Autors keinen Sinn, die ökonomische Dimension derartiger Entscheidungen zu verdrängen; besser ist es, sie sachkundig zu beurteilen.
27 Der Jurist stünde quasi stellvertretend für die rechtlichen Interessen der Öffentlichkeit.

15. *Rechtstechnische Anmerkungen*

15.1 Viele Institutionen, in denen ethisch und rechtlich heikle Entscheidungen zu fällen sind, haben bereits heute auf freiwilliger und eigenverantwortlicher Basis Gremien geschaffen, die ähnliche Funktionen wie die hier propagierte Neonatologie-Kommission (zumindest teilweise) übernehmen. Allerdings ergeben sich – aus rechtlicher Sicht – einige Fragen hinsichtlich der Legitimation (unten 15.2), der Kompetenz (unten 15.3) und der Wirkung des Beizugs (unten 15.4) solcher Gremien.

15.2 *Legitimation:* Als oft institutionsinterne oder auf Veranlassung der Institutionsleitung geschaffene Gremien können derartige Kommissionen – trotz meist vorhandener hoher Sachkompetenz (vgl. unten 15.3) – keinen Anspruch auf eine besondere Legitimation erheben, schon gar nicht jenen Anspruch, quasi stellvertretend die Rechte des Kindes als vom Gemeinwesen bestellter Anwalt und/oder die Interessen der Öffentlichkeit selber an einer rechtmässigen Entscheidfindung und Entscheidfällung zu vertreten (vgl. auch oben 12.1 zur Gefahr der Festschreibung institutionsinterner Praktiken).

15.3 *Kompetenz:* Ethik hat eindeutig Konjunktur, weshalb viele derartige Gremien als „reine" Ethikkommissionen bestellt und dementsprechend (einseitig) zusammengesetzt werden. Die Vielschichtigkeit der Probleme dürfte aber besser sichtbar werden, wenn eben auch andere Dimensionen – wie die sozialpsychologische, ökonomische und juristische – zwingend miteinbezogen würden.

Fazit: Es empfiehlt sich eine gewisse Standardbesetzung mit verschiedenen Rollen (zur Mehrfachbesetzung vgl. Fn[28]).

28 Aus praktischen Überlegungen müsste zudem wohl jede „Position" (vgl. oben Fn. 22–27) in einer solchen Kommission mehrfach besetzt werden, um jederzeit ein entscheidungsfähiges Gremium verfügbar zu haben. Trotzdem ist keine ausufernde „Kommissionitis" zu befürchten, da es nur eine begrenzte Anzahl von Institutionen gibt, bei welchen sich die besonderen Probleme der „High-Tech-Neonatologie" erst stellen. Zudem könnte eine unabhängige externe Kommission auch für mehrere Spitäler mit Neonatologie-Abteilungen zuständig erklärt werden.

15.4 *Wirkung:* Dass auch institutseigene Gremien ohne „öffentlichen Auftrag" (vgl. oben 15.2) und in möglicherweise einseitiger Zusammensetzung (vgl. oben 15.3) den Garanten (Eltern/Behandelnde) wertvolle Hilfe leisten können, steht ausser Zweifel. Auch rechtlich sind sie nicht völlig ohne Belang, wird dadurch doch zumindest der (allenfalls von einem Garanten zu erbringende) Nachweis erleichtert, dass er mit der gehörigen Sorgfalt vorgegangen ist. Es dürfte aber ebenso klar sein, dass nur die Mitwirkung einer institutionsunabhängigen Kommission mit politischer Legitimation und breitem Sachverstand auch rechtlich eine weitergehende Entlastung der Garanten gewährleistet und damit das Risiko späterer Haftungsprozesse wesentlich verringern kann. Entscheidend dürfte aber sein, dass eine Diskussion, die wirklich alle Aspekte des Problems (nicht nur die medizinischen) abdeckt, es allen Beteiligten leichter machen kann, mit derartig tragischen Situationen fertig zu werden.*

---

* Das Manuskript für diesen Beitrag wurde im Mai 1999 abgeschlossen.

Kritische Fragen an das Entscheidungsmodell
Das Zürcher Modell
aus der Sicht eines aussenstehenden Neonatologen

Christian Kind

Es war der Wunsch der Herausgeber, dass das Buch über Entwicklung, Funktionsweise und Evaluation des ethischen Entscheidungsmodells der Klinik für Neonatologie am Universitätsspital Zürich auch eine kritische Stellungnahme von Seiten eines aussenstehenden Beobachters enthalten solle. Die Herausgeber hatten dabei jemanden im Auge, der mit den ethischen Problemen der neonatalen Intensivmedizin vertraut sein und die Verhältnisse an der Klinik für Neonatologie kennen, jedoch in keiner Phase direkt in den Entstehungsprozess des Zürcher Entscheidungsmodells involviert gewesen sein sollte. Aus diesen Bedingungen erklärt sich, dass die Anfrage an mich gerichtet wurde.

Ich habe einen Teil meiner neonatologischen Ausbildung an der Klinik für Neonatologie am Universitätsspital Zürich absolviert und danach über viele Jahre die Neonatologie in St. Gallen geleitet und war, bei zwar geringerer Patientenzahl als in Zürich, aber auch erheblich kleinerem Ärzteteam, mit all den verschiedenen ethischen Fragestellungen, die in der Neonatologie auftauchen, mit hoher Häufigkeit direkt und persönlich konfrontiert. Gemeinsam mit der mir aus der Zusammenarbeit über ethische Fragen der pränatalen Diagnostik bekannten Ethikerin, Dr. Ruth Baumann-Hölzle, habe ich deshalb 1993 eine Tagung über ethische Probleme in der neonatalen Intensivmedizin organisiert. Seither habe ich die Reflexion über diese Fragen weiter getrieben und auch gelegentlich schriftlich festgehalten [Kind, C. (1997); Kind, C. (1999)]. Die Entstehung der Ethikgruppe an der Klinik für Neonatologie in Zürich und die Entwicklung des Entscheidungsmodells habe ich stets mit Interesse und Wohlwollen verfolgt, war jedoch nie in den Gestaltungsprozess direkt involviert.

Stärken des Modells

Beeindruckt und überzeugt haben mich vor allem zwei Aspekte des Zürcher Entscheidungsmodells. Der erste und wichtigste ist die Definition des Kreises der Entscheidungsträger durch das Kriterium, dass eine Du-Beziehung zum Kind vorliegen muss. Mir scheint, dass vieles, was bei diesen Entscheidungen über Leben und Tod eine wesentliche Rolle spielt, nicht nur von der messenden Wissenschaft nicht erfasst werden kann, sondern sogar dem reicheren und beweglicheren Instrument der menschlichen Sprache an sich in entscheidenden Aspekten entzogen bleibt. Dieses Unmessbare und Unsagbare im kleinen Patienten, über den entschieden werden muss, zu respektieren, bedeutet, seine Menschenwürde zu respektieren. Es verlangt, dass über ihn nicht abstrakt wie über eine Sache, sondern aus dem persönlichen Berührtsein in einer Du-Beziehung heraus entschieden wird.

Das Kriterium der Du-Beziehung im Zürcher Modell schliesst aber nicht nur externe Experten von der direkten Mitentscheidung aus (mit Ausnahme des juristisch notwendigen Vetos des Klinikleiters), sondern es verlangt auch, dass möglichst alle Mitarbeitenden, die eine solche Du-Beziehung zum Kind haben, in die Entscheidungsfindung einbezogen werden. Unabhängig von der Hierarchie sollen alle die Möglichkeit haben, ihre Gedanken und Gefühle in das Ethik-Gespräch einzubringen.

Die zweite wesentliche Stärke des Zürcher Modells ist komplementär zur ersten und ergänzt sie notwendigerweise. Entscheidungen werden erst getroffen, nachdem in einem genau strukturierten Prozess alle verfügbaren Fakten und Argumente sorgfältig aufgelistet und diskutiert worden sind. Gerade weil nicht alles messbar oder sagbar ist, muss das, was sich quantitativ darstellen oder argumentativ auflisten lässt, vollständig auf den Tisch gebracht werden, damit man nicht in Gefühlsduselei und Obskurantismus verfällt. Nur wenn alle zur Verfügung stehenden Fakten und Argumente bekannt und durchdiskutiert sind, können die in die direkte Du-Beziehung zum Kind involvierten Personen eine ethische Entscheidung treffen, die sowohl rational wie gefühlsmässig verantwortbar erscheint.

Auch ein optimales Entscheidungsmodell mit klarer Definition der Entscheidungsträger, Einbezug aller Beteiligten und sorgfältig erarbeitetem formalem Entscheidungsprozess kann natürlich nicht mit Sicherheit verhindern, dass die notwendigerweise kleine Gruppe der direkt Beteiligten im Entscheidungsprozess wichtige Fakten oder ethische Argumente übersieht oder – noch gefährlicher – mit der Zeit eine einseitige ethische Betrachtungsweise entwickelt. Es ist ein weiterer Vorzug des Zürcher Modells, dass es versucht, diesem Umstand durch den Einbezug des äusseren Kreises Rechnung zu tragen. Hier soll medizinischer und ethischer Sachverstand notfalls korrigierend eingreifen, oft wohl auch allein durch seine Anwesenheit unterstützend wirken können.

Sehr positiv beurteile ich auch, dass die Umsetzung des ethischen Entscheidungsmodells in die Praxis der Klinik für Neonatologie in einer wissenschaftlichen Untersuchung evaluiert wurde. Dabei wurde in einer ersten Phase das Schwergewicht auf den Ablauf des Entscheidungsprozesses und auf die innere Befindlichkeit der Teilnehmenden gelegt. Es ist zu hoffen, dass in einer späteren Phase auch eine Analyse der tatsächlich getroffenen Therapieentscheide und ihrer inhaltlichen Entwicklung stattfindet.

Die Gesprächsleiter und der äussere Kreis

Das Entscheidungsmodell sieht vor, dass die in einer Du-Beziehung zum jeweiligen Kind direkt involvierten Mitarbeitenden des inneren Kreises ihr Gespräch unter Leitung einer in Gesprächsleitung erfahrenen, nicht direkt in die Betreuung des Kindes involvierten Person führen. Anwesend im äusseren Kreis sollen ausserdem Mitglieder der Ethikgruppe mit besonderer medizinischer und ethischer Sachkompetenz und Erfahrung sein.

Die Erfahrungsberichte in diesem Buch zeigen, dass diese an sich zweckmässig erscheinende Anordnung nicht immer leicht in die Praxis umzusetzen ist. Eine hohe fachliche Kompetenz sowie die auf einer kleineren Abteilung sehr häufig – trotz fehlender direkter Beziehung – recht hohe Vertrautheit mit dem in Frage stehenden Kind können dem Moderator oder der Moderatorin eine neutrale Gesprächsleitung sehr stark erschweren. Andererseits ist es nicht einfach, auf einer Neonatologie-Abteilung genügend Personen mit ausreichender Ausbildung und Erfahrung in Gesprächsleitung zur Verfügung zu stellen. Eine neutrale Gesprächsleitung ist sicher sehr wünschbar, um möglichst allen Mitgliedern des inneren Kreises die Möglichkeit zu geben, sich frei zu äussern, und um eine gerechte, hierarchieunabhängige Gewichtung der eingebrachten Argumente zu fördern. Angesichts der geschilderten Schwierigkeiten stelle ich mir aber die Frage, ob es sich tatsächlich lohnt, das Ziel einer möglichst neutralen Gesprächsleitung mit hohem Aufwand zu verfolgen. Meiner Meinung nach wäre es mindestens einen Versuch wert, den inneren Kreis seine Gesprächsstruktur selber finden zu lassen. Dies vor allem in einer fortgeschrittenen Entwicklungsphase des Modells, in der sich bereits eine Kultur des ethischen Gesprächs ausgebildet hat. Sicher wird die Evaluation des Modells zu dieser Frage weitere Informationen liefern.

Ähnliche Abgrenzungsprobleme können sich für die Mitglieder des äusseren Kreises ergeben. Aufgrund ihrer Fachkompetenz und einer möglicherweise zufällig eben doch bestehenden, marginalen persönlichen Beziehung zum Kind (zum Beispiel wegen Notfalldienst) können auch diese versucht sein, die Entscheidungsfindung des inneren Kreises in eine gewünschte Richtung zu lenken. So wie ich das Modell verstehe, sollte aber die Rolle des äusseren Kreises nicht darin bestehen, Einzelentscheidungen zu beeinflussen. Er sollte eine Beratungs- und Kontrollfunktion innehaben, die gewährleistet, dass Art und Inhalt der an der Klinik für Neonatologie getroffenen ethischen Entscheidungen mit ethischen Prinzipien sowie mit gesellschaftlichen Erwartungen und Normen übereinstimmen. Um eine solche Funktion zu erfüllen, müssten die Mitglieder des äusseren Kreises eigentlich nicht während des ganzen Entscheidungsfindungsprozesses anwesend sein, sondern könnten anschliessend zu bestimmten Fragen konsultiert werden, beziehungsweise getroffene Entscheidungen gutheissen oder in Frage stellen.

Professor Dr. iur. Max Baumann stellt in diesem Buch die Frage, ob der „äussere Kreis" beziehungsweise ob die Ethikgruppe als rein klinikintern gebildetes Gremium eine solche Reflexions- und Überwachungsfunktion überhaupt genügend wahrnehmen kann, oder ob für diesen Zweck eine unabhängige Kommission mit externen Fachleuten geschaffen werden sollte. In der Schweiz gibt es meiner Meinung nach zur Zeit keine Anzeichen dafür, dass die Praxis der ethischen Entscheidungen in der Neonatologie sich im Gegensatz zu den gesellschaftlichen Erwartungen oder gar zur geltenden Rechtsordnung befinden würde. Dies scheint aber nicht in allen europäischen Ländern der Fall zu sein. So ist in Frankreich und in den Niederlanden die Praxis der aktiven medikamentösen Tötung von spontan atmenden Neugeborenen mit sehr ungünstiger Prognose bezüglich Lebensqualität relativ weit verbreitet, obwohl sie in beiden Ländern ganz eindeutig illegal ist [Cuttini, M. etc. (2000)]. In Frankreich hat sich diese Praxis, wohl unter dem Eindruck der sehr ausgeprägten gesellschaftlichen Akzeptanz pränataler Fehlbildungsdiagnostik mit anschliessenden späten Schwangerschaftsabbrüchen, in vielen Neonatologie-Abteilungen soweit etabliert, dass die nationale Föderation der Französischen Neonatologen in ihren offiziellen Empfehlungen die medikamentöse Tötung von Neugeborenen in gewissen Situationen als akzeptable Lösung bezeichnet [Dehan, M. etc. (2001)]. Angesichts solcher Perspektiven könnte ein Bedürfnis der Gesellschaft, die weitere Entwicklung in der Schweiz nicht den Neonatologen allein zu überlassen, zumindest verständlich erscheinen. Eine Kommission, wie sie Max Baumann vorschlägt, wäre unter Umständen ein sehr wertvoller Kompromiss zwischen einer sicher nicht wünschbaren Einmischung aussenstehender Instanzen in den direkten Entscheidungsprozess und einem völligen Verzicht auf gesellschaftliche Kontrolle dessen, was in der Neonatologie geschieht.

Ethische Wertung der prognostischen Literaturdaten

Zu Recht legt das Zürcher Modell grossen Wert auf den sorgfältigen Einbezug der relevanten Informationen zur Prognose aus der Fachliteratur. Im typischen Fall lassen sich aus Follow-up-Studien für bestimmte klinische Situationen (z.B. einen Gestationsaltersbereich) Häufigkeitsangaben für das Eintreten möglicher Verlaufsergebnisse erhalten. Oft werden drei Kategorien unterschieden, nämlich Tod, Überleben mit mässiger bis schwerer Behinderung und Überleben mit leichter oder ganz ohne Behinderung. Es stellt sich nun die Frage, welche Wahrscheinlichkeit für ein Überleben ohne wesentliche Behinderung hinreichend ist, um das durch eine neonatale Intensivbehandlung dem Kind zugefügte Leiden zu rechtfertigen. Dr. med. Diego Mieth äussert in diesem Buch die Meinung, dass diese Wahrscheinlichkeit mindestens 50% betragen müsse. Dagegen kommt die gemeinsame Empfehlung mehrerer deutscher Fachgesellschaften zu dem Schluss, dass eine Intensivtherapie immer dann geboten sei, wenn auch nur eine kleine Chance zum Leben besteht [Gemeinsame Empfehlung der Deutschen Gesellschaft (1999)]. Hier stellt sich die Frage, wer letztlich befugt ist, solche Wahrscheinlichkeitsgrenzen festzulegen.

Bei Erwachsenen, wo ähnliche Entscheidungen zum Beispiel in der Krebstherapie getroffen werden müssen, ist es selbstverständlich, dass der Patient selbst festlegen kann, wo für ihn die Grenze liegt zwischen einer fairen Chance, das heisst einer Wahrscheinlichkeit für eine Heilung oder länger dauernde Remission, die auch eine sehr belastende Therapie rechtfertigt, und einem hoffnungslosen Versuch, der nur als Quälerei empfunden wird. Der Arzt hat dabei nur insofern ein Mitentscheidungsrecht, als er Therapien ablehnen kann, die ihm wegen fehlender Erfolgschancen nutzlos und unsinnig erscheinen.

Die Erfahrung zeigt, dass bei erwachsenen Patienten recht erhebliche Unterschiede in der Wahrnehmung dessen bestehen, was im oben genannten Sinne als faire Chance zu bezeichnen ist. Diese Variabilität scheint sich auch bei Eltern von überlebenden, extrem kleinen Frühgeborenen wiederzufinden, wenn es um den Einsatz intensivmedizinischer Massnahmen für alle ganz unreifen Kinder geht [Saigal, S. etc. (2000)]. In einer kanadischen Studie war eine überwältigende Mehrheit von 98 % der Eltern der Meinung, dass sie mitbestimmen sollten, was für ihr eigenes Kind eine faire Chance wäre. Tatsächlich gibt es meines Erachtens keinen Grund dafür, der Meinung des behandelnden Arztes darüber, was eine „faire Chance" ist, den Vorzug vor der Meinung der Eltern zu geben. Ganz im Gegenteil spricht die Tatsache, dass die Eltern lebenslang die Konsequenzen einer solchen Entscheidung zu tragen haben, sehr stark dafür, dass Eltern – innerhalb gewisser Grenzen und wenn sie dies wünschen – diesen Entscheid selbst fällen oder mindestens mitentscheiden dürfen. Die elterliche Entscheidungsfreiheit hat ihre Grenze nach unten bei der sehr kleinen Wahrscheinlichkeit auf Überleben ohne Behinderung, die eine Therapie zur sinnlosen Quälerei macht; nach oben liegt diese Grenze bei der Wahrscheinlichkeit, mit der ein Verzicht auf Behandlung – trotz guten Chancen für ein Überleben ohne Behinderung – als Verletzung der elterlichen Sorgepflicht für das Kindswohl angesehen werden muss. Eine zweite Situation, in der prognostische Daten für Therapieentscheide ethisch bewertet werden müssen, liegt dann vor, wenn bei einem Neugeborenen bereits eine Organschädigung festgestellt worden ist und eine spätere Behinderung mit hoher Wahrscheinlichkeit vorausgesagt werden kann. Hier stellt sich die Frage, wie die zu erwartende Lebensqualität zu bewerten ist. Es gibt erst sehr wenige Untersuchungen darüber, wie ehemalige extrem kleine Frühgeborene selbst sowie ihre Eltern die in der Adoleszenz erreichte Lebensqualität bewerten. Diese ersten Studien haben gezeigt, dass sich Instrumente für eine realistische und konsistente Einschätzung der Lebensqualität entwickeln und anwenden lassen. Sie haben demonstriert, dass die selbst eingeschätzte Lebensqualität ehemaliger sehr kleiner Frühgeborener in der Adoleszenz im Vergleich zu einer gleichaltrigen Kontrollgruppe recht gut ist. Das wohl bemerkenswerteste Ergebnis dieser Untersuchungen jedoch besteht darin, dass Ärzte und Schwestern die Lebensqualität bei ausgeprägter Behinderung deutlich schlechter bewerten als die ehemaligen Frühgeborenen oder ihre Eltern [Saigal, S. (2000)]. Auch in diesem Bereich sprechen also die wenigen existierenden Untersuchungen dafür, dass die Eltern in die ethische Bewertung der Fakten für die Entscheidungsfindung einbezogen werden sollten.

Einbezug der Eltern

Soweit ich es verstehe, ist das Zürcher Entscheidungsmodell, mindestens von seiner Entstehung her, auf einen einmaligen Ablauf ausgerichtet. In einer als problematisch erlebten therapeutischen Situation wird ein ethisches Gespräch einberufen, darin wird ein Entscheid gefällt, der – sofern es sich um einen Entscheid für einen Therapieabbruch handelt – den Eltern mitgeteilt und – sofern diese nicht ein Veto einlegen – anschliessend durchgeführt wird. Die Eltern werden also erst am Ende mit der abgeschlossenen ethischen Diskussion konfrontiert, und es scheint nicht immer gesichert, dass die Eltern sich überhaupt eines Vetorechts bewusst sind.

Sofern meine Wahrnehmung der Vorgehensweise richtig ist, scheint mir diese in zweifacher Hinsicht problematisch. Erstens glaube ich, dass das Modell eines einmaligen Ablaufs für die ethische Entscheidungsfindung vielen klinische Situationen nicht gerecht werden kann. Zweitens kann die Umsetzung eines Entscheides zum Therapieabbruch kurz nachdem die Eltern erstmals mit dieser Möglichkeit konfrontiert wurden, sehr traumatisch sein [McHaffie, H. E. etc. (2001)]. Nach meiner Erfahrung präsentieren sich die klinischen Situationen eher selten so eindeutig, dass in einem einzigen ethischen Gespräch abschliessend entschieden werden kann. Viel häufiger ist es so, dass primär gewisse Bedenken geäussert werden, man sich aber entscheidet, den weiteren Verlauf abzuwarten und eventuell gewisse Vorbehalte bezüglich des weiteren Vorgehens bei neu auftretenden Komplikationen erörtert.

Meiner Meinung nach müssten die Bezugspersonen des Behandlungsteams auch ein solches Gespräch den Eltern mitteilen und die Inhalte mit ihnen besprechen; dies einerseits, um eine offene und vertrauensvolle Beziehung aufrecht erhalten zu können, andererseits auch, um die Eltern auf eine mögliche Aussichtslosigkeit weiterer Bemühungen und auf einen Behandlungsabbruch emotional vorzubereiten. Dabei braucht es sicher grosses psychologisches Fingerspitzengefühl, um eine solche Eventualität anzutönen, ohne die nach wie vor auch dem Team berechtigt erscheinende Hoffnung auf ein gesundes Überleben zu zerstören.

Unabhängig von der Frage, ob die Eltern ein eigentliches Mitentscheidungsrecht erhalten sollen, scheint es mit sehr wertvoll, schon früh mit ihnen auch über ethische Fragen ins Gespräch zu kommen und ihre Vorstellungen zum Beispiel über Lebensqualität und faire Chancen soweit wie möglich kennen zu lernen. Oftmals sind solche Gespräche bei drohender, extremer Frühgeburt bereits auf der Schwangerenstation möglich und können nach der Geburt die weitere Betreuung dank einer bereits bestehenden Beziehung enorm erleichtern.

Die Frage, ob sich Eltern aktiv an ethischen Entscheidungen beteiligen sollen, wurde bereits in der vorhergehenden Diskussion über die faire Chance angesprochen. Offensichtlich ist die Rolle der Eltern bei ethischen Entscheidungen in der Neonatologie innerhalb der westlichen Welt ausserordentlich unterschiedlich. Während ein elterliches (Mit-)Entscheidungsrecht in englischsprachigen Ländern selbstverständlich gewünscht und auch verbreitet praktiziert wird [McHaffie,

H. E. etc. (2001); Saigal, S. etc. (2000)], geht man in der lateinischen Kultur viel eher von der Vermutung aus, dass ein Miteinbezug der Eltern nicht gewünscht oder nachteilig sei [Cuttini, M. etc. (1999)]. Wie weit solche Differenzen tatsächlich auf soziokulturellen Unterschieden in den Wünschen der Eltern beruhen und wie weit nur auf Unterschieden in den Vorstellungen der Ärzte, ist bisher nicht untersucht worden. Auf Grund von Studien aus Ländern, in denen Eltern ein Mitentscheidungsrecht haben, konnten Bedenken bezüglich negativer Spätfolgen wie lang dauernde Zweifel oder Schuldgefühle im allgemeinen nicht bestätigt werden [Cuttini, M. etc. (1999); McHaffie, H. E. etc. (2001); Saigal, S. etc. (2000)].

Zweifellos gibt es aber Eltern, insbesondere aus nicht westlichen Kulturen, die ein Mitentscheidungsrecht über die Behandlung ihres Kindes ganz klar nicht wünschen. Nach meinem Eindruck möchte dagegen eine grössere Zahl von Eltern sehr wohl mitentscheiden, würde jedoch davor zurückschrecken, die alleinige Verantwortung zu übernehmen. Aus diesen Gründen scheint es mir zur Zeit die günstigste Vorgehensweise zu sein, wenn im Rahmen wiederholter Gespräche nach einem Konsens gesucht wird, einerseits im behandelnden Team, andererseits zwischen den Eltern und ihren Bezugspersonen. Im Idealfall kann ein solcher Prozess erreichen, dass die Eltern ethische Entscheide nachvollziehen und mittragen können, jedoch nicht das Gefühl haben, allein dafür verantwortlich zu sein.

Literatur

Cuttini M., Rebagliato M., Bortoli P., Hansen G., de Leeuw R., Lenoir S., Persson J., Reid M., Schroell M., de Vonderweid U., Kaminski M., Lenard H., Orzalesi M., Saracci R. (1999). Parental visiting, communication, and participation in ethical decisions: a comparison of neonatal unit policies in Europe. Arch Dis Child Fetal Neonatal Ed 81: F84–F91.

Cuttini M., Nadai N., Kaminski M., Hansen G., de Leeuw R., Lenoir S., Persson J., Rebagliato M., Reid M., de Vonderweid U., Lenard H. G., Orzalesi M., Saracci R., for the EURONIC Study Group (2000). End-of-life decisions in neonatal intensive care: physicians' selfreported practices in seven European countries. Lancet 355: 2112–2118.

Dehan M., Gold F., Grassin M., Janaud J.C., Morisot C., Ropert J.C., Siméoni U., pour la Fédération nationale des pédiatres néonatologistes (2001). Dilemmes éthiques de la période périnatale : recommandations pour les décisions de fin de vie. Arch Pédiatr 8: 407–419.

Gemeinsame Empfehlung der Deutschen Gesellschaft für Gynäkologie und Geburtshilfe, Deutschen Gesellschaft für Kinderheilkunde und Jugendmedizin, Deutschen Gesellschaft für Perinatale Medizin und Gesellschaft für Neonatologie und Pädiatrische Intensivmedizin (1999). Frühgeburt an der Grenze der Lebensfähigkeit des Kindes. AWMF-Leitlinien-Register, Nr. 024/019: http://www.uni-duesseldorf.de/WWW/AWMF/ll/pneon-19.htm.

Kind C. (1997). Intensivbehandlung extrem kleiner Frühgeborener. Schweiz Ärztezeitung 78: 743–747.

Kind C. (1999). Ethische Probleme in der Neonatologie. In: Bondolfi A., Müller H. (Hrsg.) Medizinische Ethik im ärztlichen Alltag. EMH Schweizerischer Ärzteverlag AG, Basel, Bern, S. 237–254.

McHaffie H.E., Lyon A.J., Hume R. (2001). Deciding on treatment limitation for neonates: the parents' perspective. Eur J Pediatr 160: 339–344.

Saigal S. (2000). Perception of health status and quality of life of extremely low-birth weight survivors: the consumer, the provider and the child. Clin Perinatol 27: 403–419.

Saigal S., Burrows E., Stoskopf B.L., Rosenbaum P.L., Streiner D. (2000). Impact of extreme prematurity on families of adolescent children. J Pediatr 137: 701–706.

Das interdisziplinäre nationale Forschungsprojekt „Evaluation of a Framework for Ethical Decision-Making in Neonatal Intensive Care" – eine Kurzbeschreibung

Marco Maffezoni

Wie wirkt sich die strukturierte Entscheidungsfindung auf die Qualität der Entscheidung, auf die einzelnen Beteiligten, auf die Beziehungen zwischen den einzelnen Berufskategorien und auf das Verhältnis der Beteiligten zu den Eltern aus? Um mehr darüber zu erfahren, evaluierte ein Team an der Abteilung für Angewandte Psychologie des Psychologischen Instituts der Universität Zürich unter Leitung von Professor Dr. François Stoll die Auswirkungen des Modells. Das Projekt wurde vom Schweizerischen Nationalfonds unterstützt.

Die qualitative und quantitative Analyse der Videoaufnahmen von vier Gesprächsrunden ergab insgesamt eine gute Übereinstimmung zwischen dem Modell und dem tatsächlichen Prozess der Entscheidungsfindung. Die Anteile der Äusserungen von Innen- und Aussenkreis zeigten, dass die Regeln hinsichtlich Reihenfolge, Mitsprachebefugnis und Entscheidung in allen vier Gesprächsrunden im Wesentlichen befolgt wurden.

Die befragten Personen wiesen im Schnitt eine sehr positive Einstellung zu den Gesprächsrunden auf. Die spezifischen Auswirkungen dieser Gesprächsrunden, also die Gefühlslage der befragten Personen, die Beurteilung der Entscheidung, die Gesprächsrunden insgesamt und die Gewichtung der Entscheidungskriterien wurden im Schnitt positiv, der persönliche Nutzen der befragten Personen nach den Gesprächsrunden als zufriedenstellend eingeschätzt.

Die allgemeinen Auswirkungen der Gesprächsrunden (Einstellung und Veränderungen der Beziehungen) blieben im Laufe der Zeit konstant. Hingegen veränderte sich, was an den Gesprächsrunden am stärksten missfiel. Die meisten spezifischen Auswirkungen unterschieden sich je nach Datum der Gesprächsrunden signifikant. Zur Erklärung dieser Unterschiede kommen die eingeschätzten Überlebenschancen der Patienten, die Qualität des Entscheidungsprozesses und die beschlossenen Massnahmen in Frage. Das Geschlecht, die Kreiszugehörigkeit, die Ausbildung und zum Teil auch die Anzahl absolvierter Gesprächsrunden der Beteiligten beeinflussen wahrscheinlich auch den zeitlichen Verlauf der spezifischen Auswirkungen.

Das Evaluationskonzept: Ziel und Nutzen der Untersuchung

Im vorliegenden Kapitel soll der Untersuchungs- und Interventionsplan dargelegt werden, welcher der Evaluation des Modells für ethische Urteilsbildung in der neonatologischen Intensivmedizin zugrunde liegt. Zuerst wird das Evaluationskonzept erläutert, das heisst, es werden das Ziel, der Nutzen, die Fragestellungen, der Untersuchungsplan und die beteiligten Personen beschrieben. Danach werden die eingesetzten Instrumente vorgestellt: die Interaktionsanalysen, zwei Fragebogen und die Gesprächsprotokolle. Das Kapitel schliesst mit einigen Überlegungen zur statistischen Auswertung der Daten.

„Der Begriff Evaluationsforschung bezieht sich auf die Verwendung wissenschaftlicher Methoden zum Zweck der Beurteilung eines Produkts, Programms oder Prozesses hinsichtlich seines Wertes für die Erreichung bestimmter Ziele. Es geht um eine umfassende Bewertung der Konzeption, Ausgestaltung, Umsetzung und des Nutzens von Interventionsprogrammen" (Nöldner, 1990, S. 475). In Anlehnung an Wottawa & Thierau (1998, S. 14) kann unsere Evaluation folgendermassen charakterisiert werden: Sie ist ziel- und zweckorientiert. Sie hat primär zum Ziel, die Durchsetzung des Entscheidungsmodells zu überprüfen und Verbesserungen in Gang zu bringen. Sie durchläuft die Phasen der Beobachtung oder Informationssammlung, der Aufarbeitung und schliesslich der Rückmeldung. Es handelt sich um eine formativ ausgerichtete Fremdevaluation, das heisst, sie soll fortlaufend Informationen liefern, die zu einer Verbesserung der Umsetzung des Entscheidungsmodells beitragen. Die Untersuchung bezweckt, die

Konsequenzen des Entscheidungsmodells zu evaluieren. Im Zentrum stehen zum einen die Auswirkungen des Entscheidungsmodells auf den Prozess der ethischen Urteilsbildung und zum anderen die Auswirkungen auf die Pflegenden und Ärzte.

Die Ergebnisse der Evaluationsstudie sollen nicht nur für die neonatologische, sondern auch für die pädiatrische und die Erwachsenen-Intensivmedizin von Nutzen sein, weil – unabhängig von der Patientengruppe – in diesen Disziplinen der Prozess der Urteilsbildung eine wesentliche Rolle spielt.

Fragestellungen

Drei übergeordnete Fragestellungen wurden aus dem Ziel abgeleitet, die Durchsetzung des Entscheidungsmodells zu überprüfen und Verbesserungen in Gang zu bringen. Diese werden mittels konkreter Teilfragestellungen operationalisiert.

Entspricht die Umsetzung des Entscheidungsmodells dem postulierten Modell?

Unterscheidet sich der innere vom äusseren Kreis in der Häufigkeit der geäusserten Beiträge (vgl. Kapitel „Ein interdisziplinäres Modell zur Urteilsbildung für medizin-ethische Fragestellungen in der neonatalen Intensivmedizin")?

Wie häufig sind die Äusserungen der Gesprächsleiterinnen und -leiter, und was sind deren inhaltliche Bezüge (Gruppensteuerung, Therapie etc.)?

Unterscheiden sich die Berufsgruppen hinsichtlich der Häufigkeit, mit der sie eine Besprechung anregen?

Wie beurteilen die teilnehmenden Personen das Entscheidungsmodell?

Wie wird der Einfluss der Gesprächsrunden auf die sozialen Beziehungen zwischen den unterschiedlichen Berufsgruppen in der Klinik eingeschätzt?

Welche Einstellungen haben die Beteiligten zur Gesprächsrunde und zur Entscheidung?

Welche Zusammenhänge bestehen zwischen der Beurteilung der Entscheidung und der persönlichen Gefühlslage?

Wie ist die Umsetzung des Entscheidungsmodells im Laufe der Zeit erfolgt?

Haben sich die Gründe für die Einberufung eines Gesprächs im Laufe der Zeit verändert?

Gibt es im Laufe der Zeit Veränderungen in der Einschätzung des persönlichen Nutzens, der aus den Gesprächsrunden gezogen wird?

Verändert sich im Laufe der Zeit die persönliche Gewichtung der Entscheidungskriterien?

Untersuchungsplan

Das Evaluationsobjekt ist das an der Klinik für Neonatologie entwickelte Entscheidungsmodell, das heisst die ethische Gesprächsrunde. Von besonderem Interesse sind die Auswirkungen der Gesprächsrunden auf die Personen, die an den Gesprächsrunden teilnehmen (Ärztinnen und Ärzte, Pflegerinnen und Pfleger etc.). Diese Auswirkungen werden als Korrelate bezeichnet. Beispiele dafür sind die persönliche Haltung zu den Gesprächsrunden, die Gefühlslage und Beziehungen der Beteiligten.

Die allgemeine Zielsetzung der Evaluation ist, die Realisierung des Entscheidungsmodells zu beschreiben, sie mit der geplanten Form zu vergleichen und die laufende Intervention zu modifizieren oder zu verbessern. Zu den spezifischen Zielsetzungen der Evaluation gehören die Beschreibung der Korrelate, wie auch deren Zusammenhang zum Entscheidungsmodell. Die für beide Zielsetzungen der Evaluation erforderlichen Messinstrumente und deren Dimensionen gehen aus Tabelle 1 hervor.

Tabelle 1: Das Evaluationskonzept: Messinstrumente und Dimensionen

Gesprächsrunde	Korrelate
Interaktionsanalyse (Interaktionssignierung und WAEG) Interaktionsstruktur (Gruppenbeteiligung, Rollen) Beiträge Innenkreis – Aussenkreis Gesprächsleitung (Aufgaben, Anteil, Beiträge) Entscheidungsfindung (Prozess, Informationen, Lösungen etc.)	*Allgemeine Beurteilung (Fragebogen F I)* Persönliche Einstellung zu Gesprächsrunden allgemein Beurteilung des Einflusses auf Beziehungen Weitere Kontrollvariablen (Geschlecht, Zugehörigkeit Innenkreis-Aussenkreis etc.)
Gesprächsprotokoll Hauptgrund der Besprechung Person, die Besprechung anregte Wertanalyse Zukünftige emotionale und soziale Ressourcen Beurteilung Entscheidungsprozess Beurteilung Entscheid Gesprächsstruktur Beteiligte (GesprächsleiterIn, innerer/äusserer Kreis)	*Spezifische Beurteilung (Fragebogen F II)* Persönliche Einstellung Persönlicher Nutzen Gesamtbeurteilung der Gesprächsrunde Persönliche Gewichtung der Entscheidungskriterien Persönliche Beurteilung der Entscheidung Weitere Kontrollvariablen (Geschlecht, Zugehörigkeit Innenkreis-Aussenkreis etc.)

Die Realisierung der Gesprächsrunde (allgemeine Zielsetzung) wird durch Interaktionsanalysen und Gesprächsprotokolle beschrieben. Der Fragebogen F I (allgemeine Beurteilung der Gesprächsrunden) und der Fragebogen F II (spezifische Beurteilung der einzelnen Gesprächsrunden) erfassen die Korrelate des Entscheidungsmodells.

Die an der Untersuchung beteiligten Personen

An der Untersuchung nehmen alle Angestellten der Klinik teil, die mit den ethischen Gesprächsrunden in Berührung kommen, das heisst Gesprächsleiterinnen und -leiter, Teilnehmerinnen und Teilnehmer des Innen- und des Aussenkreises etc. Je nach Zielsetzung beziehungsweise Fragestellung werden aber verschiedene Instrumente eingesetzt und verschiedene Personen befragt oder beobachtet. Der Zusammenhang zwischen Zielsetzung beziehungsweise Fragestellung, Instrument und den beteiligten Personen ist in Tabelle 2 erläutert.

Tabelle 2: Zusammenhang zwischen Fragestellung, Instrument und beteiligten Personen

Zielsetzung / Fragestellung	Instrument	Beteiligte Personen
Realisierung des Entscheidungsmodells	Gesprächsprotokoll	GesprächsleiterIn der jeweiligen Gesprächsrunden
Realisierung des Entscheidungsmodells	SYMLOG-Interaktionssignierung, WAEG	TeilnehmerInnen der aufgezeichneten Gesprächsrunden (21/7/99, 8/12/99, 9/12/99 & 30/6/00)
Korrelate (Auswirkungen) des Entscheidungsmodells	Fragebogen F I (allgemeine Beurteilung)	Gesamte Klinikbelegschaft zu verschiedenen Zeitpunkten
Korrelate (Auswirkungen) des Entscheidungsmodells	Fragebogen F II (spezifische Beurteilung)	TeilnehmerInnen der jeweiligen Gesprächsrunden

Zur Beschreibung der Realisierung des Entscheidungsmodells werden Gesprächsprotokolle verwendet und Interaktionsanalysen vorgenommen. Das Gesprächsprotokoll wird im Anschluss an die Gesprächsrunde durch diejenige Person ausgefüllt, welche die Gesprächsleitung innehat. Die Interaktionsanalysen werden auf der Basis von Videobandaufzeichnungen von vier ausgewählten Gesprächsrunden vorgenommen. Beobachtet wird hier das Verhalten der an diesen bestimmten Gesprächsrunden teilnehmenden Personen.

Die Einschätzung der allgemeinen Korrelate des Entscheidungsmodells erfolgt über den Fragebogen F I, der mehrmals an die gesamte Belegschaft der Klinik postalisch nach Hause versandt wird. Hingegen wird, zur Untersuchung der spezifischen Korrelate, der Fragebogen F II von denjenigen Personen ausgefüllt, die an den jeweiligen Gesprächsrunden teilgenommen haben.

Instrumente

Direkte Verhaltensbeobachtung: Interaktionsanalysen

Die Interaktionsanalyse beruht auf direkter Verhaltensbeobachtung, die mittels Videoaufnahmen der ethischen Gesprächsrunden realisiert wird. Das Sozialverhalten der Sitzungsteilnehmerinnen und –teilnehmer wird im Sinne einer Akt-für-Akt-Kodierung protokolliert. Hierzu dient als Basis die SYMLOG-Interaktionssignierung von Bales, Cohen und Williamson (1979/1982). Die Art des Verhaltens wird ebenso kodiert wie die geäusserten Inhalte: Unter Verwendung eines Kodierbogens (angelehnt an Bales et al., 1982, Anhang F) werden Akt-für-Akt signifikante Botschaften der Gruppenteilnehmerinnen und -teilnehmer notiert. Zusätzlich vermerkt der Beobachter, welche signifikanten, wertbezogenen Aussagen die Sender äussern. Ein Beispiel gibt Tabelle 3.

Tabelle 3: Beispiel des Kodierbogens IS/WAEG (Wunder, 1999a)

Lfd. d. Nr.	Zeit	Wer	Zu Wem	ACT NON	Richt. ACT NON	Geäussertes Vorstellungsbild (oder Kommentierung des Verhaltens)	PRO CON	Richtg. des Elements	Bezug
210	47	HHH	GRP	A	F	Ärger für mich	?	NB	SEL

Anmerkungen:
Lfd. Nr.: Laufende Nummer; *Zeit:* Beginn des Interakts; *Wer:* SenderIn der Botschaft; *Zu Wem:* EmpfängerIn der Botschaft; *ACT:* offen beobachtbares Verhalten; *NON:* verdecktes, nonverbales Verhalten; *Richt. ACT/NON:* Richtung der geäusserten Verhaltensqualität im SYMLOG-Raum; *Geäussertes Vorstellungsbild (oder Kommentierung des Verhaltens):* Kurzzitat, Stichworte; *PRO*: Äusserung für einen Vorstellungsinhalt; *CON:* Äusserung gegen einen Vorstellungsinhalt; *?:* Äusserung, für die die Werthaltung der SenderIn offen bleibt; *Richtg. des Elements:* Richtung der Verhaltensimplikation im SYMLOG-Raum; *Bezug:* Gegenstand bzw. Objektbereich, auf den sich die Äusserung bezieht. Weitere Erläuterungen im Text.

Das Instrument analysiert Inhalte, Struktur und Prozess der ethischen Gesprächsrunden. Es wird erfasst, wer zu wem über welche Inhalte redet, auf welche Weise sich jemand äussert und welche Effekte dies hat. Es wird ermittelt, wer welche Lösungsvorschläge generiert.

Die inhaltlichen Äusserungen werden mit Hilfe des Kategorienrasters „Wertende Äusserungen in Ethischen Gesprächsrunden (WAEG)" kodiert, das auf den Vorschlägen von Wunder (1987, 1999b, siehe Anhang) basiert. Wie bei Bales et al. (1982) wird davon ausgegangen, dass sowohl das offen gezeigte Verhalten als auch inhaltliche Aussagen (v. a. wertende Beiträge) für den Gruppenprozess bedeutsam sind.

Für kooperatives Handeln in Arbeitsgruppen ist es wichtig, auf welche Systemebenen sich inhaltliche Beiträge beziehen: Neben der konkreten Arbeit (Therapie: TZP) sind in einer Gruppe die Gestaltung des eigenen Verhaltens (SELbst), der Beziehungen (GSE) und Arbeitsschritte (GST), sowie die Einbeziehung des Handlungskontextes von Entscheidungen wichtig. Angesichts der Thematik werden Beiträge von Aussenkreismitgliedern, in denen sie sich über einzelne oder alle Personen des Innenkreises äussern, gesondert kodiert, sofern sie den Entscheidungsfindungsprozess betreffen. Äusserungen der Teammitglieder können sich auf den Patienten (TPA) und den Angehörigen (TAN) beziehen sowie auf die relevanten Kontextbedingungen der Arbeit (KON). Bewertungen der Äusserungen aus Sicht des Senders werden mit PRO beziehungsweise CON kodiert. In diesem Sinn werden befürwortende Wertungen mit PRO, ablehnende mit CON, neutrale mit „?" kodiert. Richtungsindikatoren geben an, welchen Gehalt die Wertäusserung im SYMLOG-Raum hat. Wertende Beiträge werden unter anderem auf Grund der Reaktion der InteraktionspartnerInnen kodiert. In früheren Untersuchungen (vgl. Wunder, 1999a) wurde hinreichende Validität und Reliabilität dieser interaktionsanalytischen Methode nachgewiesen.

Fragebogen eigens entwickelt

Die Fragebogen F I und F II wurden eigens für diese Evaluation entwickelt, da weder Literatur- noch Testrecherchen geeignete Fragebogenverfahren zur Erhebung der für die Untersuchung erforderlichen Konstrukte ergaben (vgl. Tabelle 1, S. 159). Dies erstaunt wenig, da das Gebiet „evaluative Untersuchungen von Entscheidungsprozessen in der Gruppe" bislang wissenschaftlich ausgespart wurde.

Bei der Konstruktion der beiden Fragebogen liessen sich einige inhaltliche Gesichtspunkte von anderen Quellen ableiten (Pflugfelder, 1993; Hotz & Kuhn, 1994; Jungo, 1995; Beano, 1996). Die Skalen, welche mit den beiden Fragebogen F I und F II eingeschätzt werden, gehen aus Tabelle 1 (S. 159) hervor. Die Fragebogen I und II sind im Anhang ersichtlich.

Fragebogen F I (Allgemeine Beurteilung)

Fragebogen F I erhebt die persönliche Beurteilung der Gesprächsrunden im Allgemeinen wie auch die Veränderungen der Beziehungen zwischen den beteiligten Personen aufgrund der Gesprächsrunden. Zu beiden Konstrukten werden sowohl geschlossene als auch offene Fragen an die Untersuchungspersonen gestellt. Die geschlossenen Fragen bestehen aus vier Items, welche eine Meinung ausdrücken, zu der die befragten Personen auf einer sechsstufigen Skala den Grad ihrer Zustimmung angeben. Am Schluss der geschlossenen Fragen steht ein Item, das eine zusammenfassende Stellungnahme auf einer siebenstufigen Rating-Skala mit symbolischen Marken (Gesichtern) verlangt.

Je nach Konstrukt folgen im Anschluss an die geschlossenen Fragen vier beziehungsweise sechs offene Fragen, bei denen die Personen Verbesserungsvorschläge vornehmen, Kritik ausüben können usw. Das Instrument misst folgende Dimensionen:

A) *Persönliche Einstellung zu ethischen Gesprächsrunden allgemein*

Die Skala „Persönliche Einstellung zu ethischen Gesprächsrunden allgemein" bezeichnet Items, bei denen die Personen die Gesprächsrunden hinsichtlich Sinn, Nutzen und Lernpotenzial einschätzen.
Beispiel: „Ich finde ethische Gesprächsrunden eine sinnvolle Sache."

Die offenen Fragen ermöglichen eine freiere Äusserung der Haltung zu den Gesprächsrunden.
Beispiel: „Was gefällt Ihnen an den Gesprächsrunden am besten?"

B) *Beziehungen*

Die Skala „Beziehungen" fasst Items zusammen, welche die positive Wirkung der Gesprächsrunden auf die sozialen Beziehungen zwischen den Personengruppen in der Klinik erfassen.
Beispiel: „Dank ethischer Gesprächsrunden verbessern sich folgende Beziehungen.
1. Das Verhältnis zwischen Ärzteschaft und Eltern."
Vorschläge und Ergänzungen zur Verbesserung der sozialen Beziehungen können bei den offenen Fragen angebracht werden.

Fragebogen F II (Spezifische Beurteilung)

Mit dem Fragebogen F II wird die Zufriedenheit, die Einstellung zur Gesprächsrunde und die Bewertung der Entscheidung im Anschluss an die einzelnen Gesprächsrunden durch die Gesprächsteilnehmerinnen und -teilnehmer mittels Selbsteinschätzung erfasst. Jedes Item stellt eine Behauptung beziehungsweise eine Meinung dar, zu der die befragten Personen auf einer sechsstufigen Skala den Grad ihrer Zustimmung angeben. Am Schluss jeder inhaltlich in sich geschlossenen Itemgruppe steht ein Item, das eine zusammenfassende Stellungnahme auf einer siebenstufigen Rating-Skala mit symbolischen Marken (Gesichtern) verlangt. Das Instrument misst folgende Dimensionen:

Die persönliche Einstellung

Die Skala „Persönliche Einstellung" umfasst Items, welche den Einfluss der Gesprächsrunde als Ganzes auf das emotionale Befinden der Teilnehmerinnen und Teilnehmer einschätzen.
Beispiel: „Bei der Gesprächsrunde habe ich mich geärgert."

Den persönlichen Nutzen

Die Skala „Persönlicher Nutzen" fasst Items zusammen, welche die Gesprächsrunden hinsichtlich ihres Lernpotenzials für die TeilnehmerInnen einschätzen.
Beispiel: „Die Gesprächsrunde ist hilfreich für meine Tätigkeit."

Die Gesamtbeurteilung der Gesprächsrunde

Unter der Skala „Gesamtbeurteilung der Gesprächsrunde" werden Items subsumiert, welche die Zufriedenheit mit der Gesprächsrunde als Ganzes erfassen.

Beispiel: „Die Gesprächsrunde durchzuführen hat sich gelohnt."

Die persönliche Gewichtung der Entscheidungskriterien

Die Skala „Persönliche Gewichtung der Entscheidungskriterien" umfasst Items, mittels derer die Teilnehmerinnen und Teilnehmer den Grad einschätzen, mit dem die Kriterien berücksichtigt wurden, die anhand des Entscheidungsmodells im Verlauf einer Gesprächsrunde besprochen werden sollten.

Beispiel: „Ich finde, dass der Grundsatz ‚Behandlung verursacht Leiden' genügend berücksichtigt wurde."

Die persönliche Beurteilung der Entscheidung

Bei der Skala „Persönliche Beurteilung der Entscheidung" werden Items zusammengefasst, welche die Qualität der Entscheidung und des Entscheidungsprozesses erfassen.

Beispiel: „Der Entscheidungsprozess war eine schwierige Entscheidungsfindung."

Aus den voran gegangenen Ausführungen geht hervor, dass das Messinstrument bei den emotionalen und kognitiven Bewertungen der Gesprächsrunden ansetzt. Dass dabei die jeweilige Entscheidung, die Gesprächsrunde als solche und die Gewichtung der Entscheidungskriterien Inhalt der Bewertungen sind, geht aus dem Entscheidungsmodell hervor. Die Dimension „Persönliche Einstellung" soll die direkten Auswirkungen der Gesprächsrunde auf das emotionale Erleben einschätzen, die Dimension „Persönlicher Nutzen" hingegen die Auswirkung auf das kognitive Erleben der Personen.

Gesprächsprotokolle

Das Gesprächsprotokoll, das jede Gesprächsleiterin, jeder Gesprächsleiter im Anschluss an eine Gesprächsrunde bearbeitet, geht in seinem Aufbau direkt aus dem Entscheidungsmodell hervor und ist im Anhang ersichtlich.

Nachdem zuerst Datum und Uhrzeit des Gesprächs erfasst werden, wird die Zusammensetzung des inneren Kreises protokolliert und der Namen der Person notiert, welche die Funktion der Gesprächsleitung innehat. Danach folgen sieben Items mit zwei- bis vierstufigen Auswahlantworten. Es werden Fragen zum Grund der Besprechung, zur Person, die die Besprechung angeregt hat, zur Wertanalyse, zu den Ressourcen des Umfeldes des Kindes, zum Entscheidungsprozess, zur Entscheidung und zur Art des Gesprächs gestellt. Am Schluss des Protokolls steht der Gesprächsleiterin die Rubrik „Bemerkungen" zur Verfügung, unter der Ergänzungen in offener Form angebracht werden können.

Überlegungen zur Auswertung

Die aus den Videobandaufzeichnungen gewonnenen Interaktionsdaten werden qualitativ und quantitativ analysiert. Qualitativ wird der Entscheidungsprozess anhand der Interaktionsprotokolle rekonstruiert, welche zum Beispiel Aussagen bzgl. Interaktion zwischen Aussenkreis und Innenkreis oder zwischen verschiedenen Lösungsalternativen zusammenfassen, geben Hinweise auf strukturelle Bedingungen der Entscheidungsfindung und auf die Übereinstimmung mit dem Modell. Quantitativ wird die Handlungsweise der Akteure anhand interpersonaler Matrizen, der Interakthäufigkeiten je SenderIn und EmpfängerIn und SYMLOG-Dimensionsskalen bestimmt.

Die Antworten auf die offenen Fragen im Fragebogen I werden einer quantitativen Inhaltsanalyse unterzogen. Mittels der quantitativen Inhaltsanalyse werden die Antworten hinsichtlich bestimmter Aspekte quantifiziert (Bortz & Döring, 1995, S. 138). Die Antworten werden in Kategorien eingeordnet, die Operationalisierungen der interessierenden Konstrukte darstellen. Die Häufigkeiten in den einzelnen Kategorien geben Auskunft über die Merkmalausprägungen der untersuchten Antworten (Bortz & Döring, 1995, S. 139).

Die Antworten werden induktiv zur Kategorienbildung herangezogen. Bei der Wahl der Kategorien wird versucht, die Terminologie des Evaluationskonzepts zu benutzen (vgl. Tabelle 1), die den Dimensionen des Fragebogens F I & F II, dem Gesprächsprotokoll und den Gesprächsvideobandaufnahmen entspricht. Dieses Vorgehen hat den entscheidenden Vorteil, dass Aussagen zu den interessierenden Konstrukten möglich sind. Das Kategoriensystem wird nach jeder Auswertung an den Antworten rücküberprüft und nötigenfalls revidiert, da der Fragebogen I zu verschiedenen Zeitpunkten versandt wird. Die Ergebnisse der quantitativen Inhaltsanalyse bestehen aus Häufigkeitsdaten, die mit entsprechenden inferenzstatistischen Verfahren, zum Beispiel Chi-Quadrat-Techniken, verarbeitet werden können und Hypothesentests ermöglichen (Bortz & Döring, 1995, S. 139).

Die Daten, welche mit dem Fragebogen F II erhoben werden, werden sowohl mittels beschreibender Statistik als auch mittels Interferenzstatistik (Chi-Quadrat-Test, t-Test, Varianzanalyse etc.), im Sinne einer explorativen Datenanalyse, ausgewertet.

Zusammenfassung

Die Untersuchung ist eine formativ ausgerichtete Fremdevaluation des an der Klinik für Neonatologie entwickelten Modells für ethische Urteilsbildung, das heisst, sie soll fortlaufend Informationen liefern, die zu einer Verbesserung der Umsetzung des Entscheidungsmodells beitragen. Die Evaluationsuntersuchung bezweckt, die Konsequenzen des Entscheidungsmodells zum Einen betreffend Prozess der ethischen Urteilsbildung und zum Anderen bezüglich Pflegende und Ärzte zu evaluieren.

Dabei wird folgenden Fragestellungen nachgegangen: Entspricht die Umsetzung des Entscheidungsmodells dem postulierten Modell? Wie beurteilen die teilnehmenden Personen das Entscheidungsmodell?

Wie ist die Umsetzung des Entscheidungsmodells im Laufe der Zeit erfolgt (Veränderungen)?

Bei der Evaluationsuntersuchung handelt es sich um eine One-Shot-Studie, weil nur eine einzige Population ohne Vortest untersucht wird. Je nach Fragestellung und eingesetztem Erhebungsinstrument sind verschiedene Personen an der Evaluationsuntersuchung beteiligt. Es werden einzelne Personen der Klinik für Neonatologie bis hin zur gesamten Belegschaft untersucht.

Die Realisierung der Gesprächsrunde wird anhand von Interaktionsanalysen und Gesprächsprotokollen beschrieben. Mittels Videoaufnahmen der ethischen Gesprächsrunden werden Interaktionsanalysen vorgenommen, welche auf direkter Verhaltensbeobachtung basieren. Das Gesprächsprotokoll, welches einzelne Elemente des Entscheidungsmodells erfasst, wird im Anschluss an eine Gesprächsrunde durch die Gesprächsleiterinnrn und -leiter bearbeitet.

Die Fragebogen F I zur allgemeinen Beurteilung der Gesprächsrunden und F II zur spezifischen Beurteilung der einzelnen Gesprächsrunden sollen die Korrelate des Entscheidungsmodells erfassen und sind eigens für die Evaluationsuntersuchung entwickelt worden. Fragebogen F I erhebt die persönliche Einstellung zu den Gesprächsrunden im Allgemeinen und die Veränderungen der Beziehungen auf Grund der Gesprächsrunden. Zu beiden Konstrukten (Einstellung und Beziehungen) werden sowohl geschlossene als auch offene Fragen an die Untersuchungspersonen gestellt, also Fragen mit vorgegebenen Antwortmöglichkeiten und Fragen ohne vorgegebenen Antwortmöglichkeiten. Mit dem Fragebogen F II soll die Zufriedenheit, die Einstellung zur Gesprächsrunde und die Beurteilung der Entscheidung im Anschluss an die einzelnen Gesprächsrunden durch die GesprächsteilnehmerInnen mittels Selbsteinschätzung erfasst werden.

Literatur

Bales, R.F., Cohen, S.P. & Williamson, S.A. (1982). *SYMLOG.* Ein System für die mehrstufige Beobachtung von Gruppen. Stuttgart: Klett-Cotta (Original erschienen 1979: SYMLOG. A System for the Multiple Level Observation of Groups. New York: Free Press).

Beano, C. (1996). Frau und Beruf. Entwicklung und Evaluation eines Arbeits- und Informationshefts für Maturandinnen. Unveröff. Lizenziatsarbeit, Universität Zürich, Psychologisches Institut, Abteilung Angewandte Psychologie.

Bortz, J. & Döring, N. (1995). Forschungsmethoden und Evaluation für Sozialwissenschaftler (2. Aufl.). Berlin: Springer.

Hotz, H. & Kuhn, E. (1994). Evaluation des Kurses „Berufliche Perspektiven für Arbeitslose". Unveröff. Lizenziatsarbeit, Universität Zürich, Psychologisches Institut, Abteilung Angewandte Psychologie.

Jungo, D. (1995). Berufszufriedenheit und therapierelevante Einstellungen von Psychotherapeutinnen und Psychotherapeuten. Unveröff. Lizenziatsarbeit, Universität Zürich, Psychologisches Institut, Abteilung Angewandte Psychologie.

Nöldner, W. (1990). Evaluation in der Gesundheitspsychologie. In R. Schwarzer (Hrsg.), Gesundheitspsychologie. Ein Lehrbuch (S. 475–487). Göttingen: Hogrefe.

Pflugfelder, A. (1993). Ein Evaluationskonzept zur Optimierung betrieblicher Weiterbildungskurse anhand einer qualitativ-formativen Studie in einem Dienstleistungsunternehmen. Zürich: Dissertation.

Wottawa, H. & Thierau, H. (1998). Lehrbuch Evaluation (2., vollst. überarb. Aufl.). Bern: Huber.

Wunder, K. (1987). SYMLOG-Interaktionskodierungen wöchentlicher Teambesprechungen: Kodiermodalitäten. Unveröffentlichtes Manuskript, Fachgruppe Psychologie, Universität Konstanz.

Wunder, K. (1999a). Teamentwicklung und Feedback. Über den Einsatz von SYMLOG- und Videofeedback in der Teamsupervision. Zürich.

Wunder, K. (1999b). WAEG – Wertende Äusserungen in Ethischen Gesprächsrunden. Kategorien und Kodiermodalitäten.

Ausblick

Ruth Baumann-Hölzle

Die Entwicklung der neonatalen Intensivmedizin ist eindrücklich, die Zunahme ihrer ethischen Dilemmata ebenso. Im Zentrum des ethischen Entscheidungsfindungsmodells für zu früh geborene, kranke oder behinderte Kinder steht das Kind, für das eine ihm – und nur ihm – angemessene Entscheidung gefunden werden muss. Gefunden deshalb, weil niemand für sich in Anspruch nehmen kann, bereits im Voraus zu wissen, welche Behandlung und Betreuung für ein bestimmtes Kind richtig sind. Dieses Wissen ist in einem interdisziplinären Prozess aller Beteiligten miteinander herauszufinden. Die Eltern haben dabei eine besondere Bedeutung, denn ihnen ist das Kind für die Zukunft anvertraut. Damit sich die Eltern über die Situation ihres Kindes und damit auch über ihre eigene zukünftige Lebenssituation eine Vorstellung machen können, ist es deshalb wichtig, dass sich das Team selbst immer wieder neu über die aktuelle Situation des Kindes ins Bild setzt. Diese Klärung kann nur interdisziplinär geschehen, indem jede Berufsgruppe das eigene Fachwissen gleichwertig in den Meinungsbildungsprozess einbringt. Zu dieser Selbstklärung des Behandlungsteams ist das Entscheidungsfindungsmodell erarbeitet worden, damit der Bezugsarzt und die Bezugspflege im eigentlichen Sinne „abgeklärt" die Situation des Kindes mit den Eltern besprechen und mit ihnen einen Konsens finden können. Wie die Erfahrung bis anhin zeigt, entstehen bei dieser Vorgehensweise mit den Eltern kaum Meinungsverschiedenheiten. Das Modell hat deshalb auf der Abteilung zu einer flexibleren und weniger hierarchisch orientierten Entscheidungsfindung und Zusammenarbeit geführt. Dadurch werden Konflikte innerhalb des Betreuungsteams entschärft und die Entscheide sind breiter abgestützt und akzeptiert.

Indem nur diejenigen Personen Entscheide fällen sollen, die mit einem Kind eine direkte Beziehung haben, gehen wir davon aus, dass die Begegnung mit dem Kind den Entscheid beeinflusst. Jedes Kind hat das Recht auf eine persönliche Güterabwägung, die seine ganz spezielle Situation in Erwägung ziehen soll. Das Kind soll den Entscheid mit seinem Wesen beeinflussen können. Wir nehmen an, dass die Art und Weise, wie medizin-ethische Urteilsbildung betrieben wird, die daran beteiligten Menschen in ihrer Haltung verändert. Oft liegen die theoretischen Ansätze, die die Menschen im Behandlungsteam vertreten, weit auseinander. Im Einzelentscheid hingegen, wenn sich diese Menschen dem Kind in seiner Lebenssituation tatsächlich aussetzen, wird oft rasch ein Konsens erzielt.

Mit dem vorgestellten Modell erhält die Urteilsbildung eine transparente und klar nachvollziehbare Struktur. Der interdisziplinäre Austausch bekommt einen festen Rahmen, sodass die relevanten Aspekte zur Sprache gebracht werden können. Prozesse brauchen Raum und Zeit. Oft fehlen beide im hektischen Klinikalltag. Dort, wo den Entscheidungsbildungsprozessen Raum gegeben wird, kann auch Zeit gespart werden, weil das Handeln kohärenter ist und es weniger zu Ersatzhandlungen und unfruchtbaren Zwischengesprächen kommt.

Dank dem medizin-technischen Fortschritt hat das Behandlungsteam sehr viel Macht über Leben, Leiden und Sterben des ihm anvertrauten Kindes. Das Behandlungsteam hat diesem Vertrauen zu entsprechen, indem die Menschen dieses Teams ihre Handlungs- und Entscheidungsverantwortung dem Kind und seinen Eltern gegenüber wahrnehmen. Handlung und Verantwortung gehören zusammen. Das Modell belässt deshalb die letzte Entscheidungsverantwortung beim Behandlungsteam, das vor allem dem Grundsatz des Nicht-Schadens verpflichtet ist. Ein Kind als Schaden zu qualifizieren, weisen wir entschieden zurück. Es war ein wichtiger Schritt bei der Entwicklung des Modells, als wir erkannten, dass nicht nur das Unterlassen von Intensivmassnahmen zu rechtfertigen ist, sondern auch deren Einsatz. Bei diesen Erwägungen ist nicht nur das mögliche Überleben, sondern auch das mögliche Sterben einzubeziehen. Dabei ist der Gegenpool zur Geburt, der Tod, stets im Auge zu behalten. Den Tod erachten wir weder als Freund noch als Feind, sondern als existenzielle Gegebenheit, die zum Leben genauso gehört wie die Geburt. Das Modell führt dazu, dass Kinder weniger lang leiden müssen, bis sie sterben dürfen. Die Überlebenszeiten der Kinder, die trotz dem Einsatz von Intensivmassnahmen sterben, sind kürzer geworden. Aber die Mortalität ist ganz allgemein höher geworden, das heisst mit dem Modell überleben weniger Kinder, als wenn immer alle Intensivmassnahmen eingesetzt würden. Der Verzicht auf lebenserhaltende Massnahmen führt also dazu, dass Kinder weniger leiden, aber auch dass mehr Kinder sterben. Es ist uns in diesem Zusammenhang wichtig zu betonen, dass wir denjenigen ethischen Ansatz vertreten, der zwischen dem Verzicht auf lebenserhaltende Massnahmen und dem Töten unterscheidet. Es ist moralisch nicht das Gleiche, ob man auf Handlungsmacht verzichtet, d.h. also Kinder sterben lässt, oder sie erweitert, d.h. Kinder tötet, wie dies in Holland geschieht.

Die Entscheide auf der neonatalen Intensivstation sind meistens Lebensentscheide, bei denen es zwar oft, aber nicht immer um Leben und Tod geht. Mit diesen Entscheiden müssen Menschen noch Jahre leben. Entsprechend gross ist die Entscheidungslast. Das Modell hilft, mit dieser Last verantwortlich umzugehen und hat deshalb eine entlastende Wirkung. Gleichzeitig macht es die Entscheidungsproblematik bewusster und sie hat Priorität in Klinik, Lehre und Forschung erhalten. Es wäre auch nicht angemessen, wenn eines Tages um die Entscheide nicht mehr gerungen würde. Das Modell soll bei diesem Ringen helfen. Das Ringen selbst ist nicht aufzuheben. In diesem Spannungsfeld zu arbeiten und zu entscheiden, stellt höchste Ansprüche an das Behandlungsteam. Dabei gilt es, nicht nur die Handlungsqualität, sondern auch die Entscheidungsqualität sicherzustellen.

Von dem Moment an, bei dem individuelle Abwägungen beim Kind nichts bringen, das Modell also auch nicht zur Anwendung kommen kann, müssen Grundsatzentscheide gefällt werden. Dabei muss die schwierige Frage beantwortet werden, welcher Prozentsatz an gesund überlebenden Kindern das Leiden rechtfertigt, welches die gleiche Intensivmedizin anderen Kindern zufügt, die nach deren Einsatz trotzdem, dafür aber qualvoller sterben, oder die schwerst behindert überleben. Im Moment ist es strittig, wie lange das Gestationsalter der Schwangerschaft alleiniges Kriterium für die Prognose der Weiterentwicklung des Kindes ist und ab wann deshalb dieses Modell im Einzelfall zur Anwendung kommen soll.[1]

Medizin-ethische Urteilsbildung wird immer in einem menschlichen und gesellschaftlichen Kontext vollzogen. Zwischen Kontext und Individualentscheid besteht eine Interdependenz: Einerseits beeinflusst der Individualentscheid das gesellschaftliche Klima. Ande-

---

1 Der medizin-ethische Arbeitskreis plant zur Auseinandersetzung mit dieser Frage eine Tagung und eine weitere Buchpublikation.

rerseits setzt die Gesellschaft den Rahmen für den individuellen Handlungsspielraum. Denken und Handeln in Medizin und Pflege widerspiegeln die Grundwerte einer Gesellschaft: Welchen Stellenwert hat das menschliche Leben? Welche Haltung nimmt die Gesellschaft behinderten Menschen gegenüber ein? Wie wird in einer Gesellschaft, gelebt, gelitten und gestorben? Darf der Mensch töten?

Das Modell gibt keine Antworten auf solche brennenden Grundsatzfragen, sondern führt allein dazu, dass die einem Kind persönlich angemessenen Fragen gestellt werden, unter der Voraussetzung, dass es individuelle Kriterien für seine zukünftige Entwicklung gibt. So enden unsere Überlegungen in diesem Buch, wie sie begonnen haben: mit Fragen. Diese Fragen sind paradigmatisch für die ethischen Probleme der Zielformulierung in der Medizin der Postmoderne: Wem gilt die Primärverantwortung der Behandlungsteams? Sollen die Handlungsprioritäten im Hinblick auf die tatsächlich leidenden Menschen oder im Hinblick auf ein von Leid- und Einschränkungen freies Leben festgelegt werden? Wie gross darf das Schädigungsrisiko der modernen Medizin gegenüber der Chance auf Gesundsein von vielleicht nur wenigen Menschen sein?

Jedes Kind hat ein Anrecht, eine ihm angemessene Entscheidung zu bekommen. Das Modell soll beim Massnehmen helfen. Die grosse Schwierigkeit dabei ist, dass es keine objektiven Massstäbe gibt. Auch unser Zürcher Modell gibt keine Garantie für die einzig wahre Entscheidung bei einem Kind, sondern ermöglicht nur gerade einen richtigen Entscheidungsfindungsprozess.

Schliessen möchte ich mit einem Satz von Georg Bernhard Shaw (1856–1950):

> Der einzige Mensch, der sich vernünftig benimmt, ist mein Schneider; er nimmt jedes Mal neu Mass, wenn er mich trifft, während alle anderen immer die alten Massstäbe anlegen, in der Meinung, sie passten heute noch auf mich.

Literatur

American Academy of Pediatrics: Perinatal care at the threshold of viability in Pediatrics 1995 96 (5) 974–976.

Colver, A. F., Gibson, M., Hey, E. N., Jarvis, S. N., Mackie, P. C., Richmond, S., for the North of England Collaborative Palsy Survey: Increasing rates of celebral palsy across the severity spectrum in north-east England 1964–1993 in Archives of Disease in Childhood Fetal and Neonatal Edition 2000 (83) F7–F12.

Deutsche Gesellschaft für Gynäkologie und Geburtshilfe, Deutsche Gesellschaft für Kinderheilkunde und Jugendmedizin, Deutsche Gesellschaft für Perinatale Medizin und Gesellschaft für Neonatologie und Pädiatrische Intensivmedizin: Frühgeburt an der Grenze der Lebensfähigkeit des Kindes, in Zeitschrift für Geburtshilfe und Neonatologie 1998 (202) 261–263.

Doyal, L. and Larcher, V. F.: Drafting guidelines for the withholding or withdrawing of life sustaining treatment in critically ill children and neonates in Archives of Disease in Childhood Fetal and Neonatal Edition 2000, (83) F60–F63.

Emsley, H. C. A., Wardle, S. P., Sims, D. G., Chiswick, M. L., de Souza, S. W.: Increased survival and deteriorating developmental outcome in 23 to 25 week old gestation infants, 1990–4 compared with 1984–9 in Archives of Disease in Childhood Fetal and Neonatal Edition 1998 (78) F99–F104.

Fédération Nationale des pédiatres Néonatologistes: Dilemmes éthiques de la période périnatale. Recommandations de Bonne Pratique pour l'abstention, la limitation, l'arrêt des traitements et l'arrêt de vie. Document provisoire, 2000.

Hack, Maureen and Fanaroff, Avroy A.: Outcomes of children of extremely low birthweight and gestational age in the 1990's in Early Human Development 1999 (53) 193–218.

Kraybill, Ernest N.: Ethical issues in the care of extremely low birth weight infants in Seminars in Perinatology 1998, 22 (3) 207–215.

de Leeuw, Richard and other members of the EURONIC study group: Treatment choices for extremely preterm infants: An international perspective in Journal of Pediatrics 2000 (137) 5.

Royal College of Paediatrics and Child Health: Withholding or withdrawing life saving treatment in children. A framework for practice, 1997.

Sauer, Pieter J. J. and the members of the Working Group: Ethical dilemmas in neonatology: recommendations of the Ethics Working Group of the CESP (Confederation of European Specialists in Pediatrics) in European Journal of Pediatrics 2001 (160) 364–368.

Steinberg, Avraham: Decision-making and the role of surrogacy in withdrawl or withholding of therapy in neonates in Current Controversies in Perinatal Care 1998, 25 (3) 779–790.

Thames Regional Perinatal Group: Guidelines relation to the birth of extremely immature babies (22–26 weeks gestation).

Werkgroep ethische aspecten van de neonatologie: Richtlijnen ten behoeve van beslissingen rond het leveneinde in de neonatologie.

Wisconsin Association for Perinatal Care: Guidelines for the responsible utilization of neonatal intensive care.

Kurzbiographien

Ruth Baumann-Hölzle
Dr. theol. VDM, Leiterin des Interdisziplinären Instituts für Ethik im Gesundheitswesen, „Dialog Ethik". Leiterin des medizin-ethischen Arbeitskreises Neonatologie, Universitätsspital Zürich (USZ)

1983 Staatsexamen und Lizenziat an der theologischen Fakultät der Universität Zürich.
1984 Wahlfähigkeitszeugnis.
1984–1986 Forschungsauftrag der Schweizerischen Stiftung für Sozialethik zur Bioethikdebatte in den USA, Arbeit an einschlägigen Bioethikzentren in New York und Washington. Dissertationsbegleitung durch Prof. Arthur Dyck von der Harvard Divinity School, Cambridge. MA.
1990 Doktor der Theologie auf Grund der Dissertation „Human-Gentechnologie und moderne Gesellschaft", mit dem Hauptpreis des Stehr-Boldt Fonds für interdisziplinäre Forschung der Universität Zürich.
1989–1999 Freie wissenschaftliche Mitarbeiterin am Institut für Sozialethik der Universität Zürich unter Prof. Dr. Hans Ruh.
Seit 1994 Leiterin des medizin-ethischen Arbeitskreises Neonatologie USZ.
Seit 1999 Leiterin des Interdisziplinären Instituts für Ethik im Gesundheitswesen, „Dialog Ethik" in Zürich.
2000 Schweizer Heilpädagogikpreis.

Max Baumann
Nach der Matura 2 Jahre Lokalredaktor

Jus-Studium in Zürich. Gerichtssekretär, Ersatzrichter, Rechtskonsulent einer Bank.
1979 Anwaltspatent.
1980 Promotion zum Dr. iur. Seit 1983 selbständiger Rechtsanwalt.
1993 Habilitierung. 1999 Titularprofessor für Rechtsphilosophie, Rechtstheorie und Privatrecht an der Universität Zürich.
Seit 1994 Mitglied eines Arbeitskreises Medizin und Ethik; 1999 Gründungsmitglied von Dialog Ethik.

Hans Ulrich Bucher
Prof. Dr. med., Ordentlicher Professor der Medizinischen Fakultät der Universität Zürich und Direktor der Klinik für Neonatologie am Universitätsspital Zürich. Leiter des Nationalfondsprojektes zur Evaluation des Entscheidungsfindungsmodells

Medizinstudium in Lausanne, nach dem 1. Propädeutikum in Zürich ein Semester in Paris.
Praktika in Sumiswald, Lausanne, Mendrisio, Khartum und Tokio.

1976 Doktorarbeit über die transkutane Sauerstoffmessung.
Stipendium der Max Planck Gesellschaft für Arbeiten auf dem Gebiet der Perinatalphysiologie in Marburg an der Lahn.
1977–1981 Assistenzarzt am Kinderspital Zürich mit Schwergewicht auf Kardiologie und Neurologie.
1982–1987 klinischer Oberarzt an der Abteilung für Neonatologie der Frauenklinik Zürich. Das Forschungsinteresse galt unter anderem der Vermeidung von Hirnschäden bei sehr kleinen Frühgeborenen. Dieses führte Professor Bucher nach Groningen (Entwicklungsneurologie bei Prof. H.F.R. Prechtl), an das University College Hospital in London (Infrarotspektroskopie bei Prof. EOR Reynolds) und an das King George V. Hospital in Sydney (Frühgeborenen-Apnoen bei Prof. D. Henderson-Smart).
1992 Leitender Arzt auf der neonatalen Intensivstation des Universitätsspitals Zürich (USZ).
1997 Direktor der Klinik für Neonatologie am USZ.

G. Duc
Prof. Dr. med., Professor emeritus der medizinischen Fakultät der Universität Zürich

Medizinstudium an der Universität Lausanne.
1959 Studiumabschluss mit Arztdiplom.
1959–1963 Postgraduate Ausbildung in Physiologie und Innerer Medizin.
1963–1966 Pädiatrische Ausbildung an der Universitätskinderklinik Bern bei Professor Ettore Rossi. Oberarzt.
1967–1970 Neonatologische Ausbildung am Babies Hospital Presbyterian Medical Center, Columbia University in New York, unter der Leitung von Professor William Silverman mit Beförderung zum Assistant Professor.
Ende 1970 Berufung als Extraordinarius für Neonatologie an die Universität Zürich. Leiter der Neonatologie an der Universitätskinderklinik und der Frauenklinik.
1974 Ernennung zum Ordinarius für Neonatologie an der Universität Zürich.
Seit 1995 Mitglied des medizin-ethischen Arbeitskreises Neonatologie USZ.
1995 Emeritierung.
Die Forschungsinteressen von Professor Duc gelten den verschiedenen Aspekten der Pathologie des Sauerstoffmangels. Neue Methoden zur Messung der zerebralen Perfusion wurden mit Frau Dr. A. Lipp und Professor H.U. Bucher entwickelt.
In Zusammenarbeit mit Professor R. Largo wurde die psychomotorische Entwicklung von ehemaligen Frühgeborenen in verschiedene Publikationen dokumentiert.

Kati Hübner
Spitalseelsorgerin

Theologiestudium in Bern und Wuppertal.
1968–1978 Gemeindepfarrerin in Bellach So.
Seit 1978 Spitalseelsorgerin am Universitätsspital Zürich.
Ausbildung in Seelsorge (Clinical pastoral training CPT) und in Supervision.
Mitarbeit in der kirchlichen und spitalinternen Weiterbildung.

Mitarbeit in Ethik-Kommissionen.
Seit 1994 Mitglied des medizin-ethischen Arbeitskreises Neonatologie USZ.

Christian Kind
PD Dr. med., Spezialarzt für Kinder- und Jugendmedizin FMH mit Schwerpunkt Neonatologie

Medizinstudium in Zürich und Montpellier, Weiterbildung in St. Gallen und Zürich.
1984–99 Leitender Arzt für Neonatologie an der Frauenklinik, Kantonsspital St. Gallen.
Seit 1999 Chefarzt Pädiatrie am Ostschweizer Kinderspital St. Gallen.
Langjährige intensive Beschäftigung mit ethischen Fragen im Bereich der pränatalen Diagnostik und der Neonatologie.

Marco Maffezzoni
Lic. phil. I der Universität Zürich. Verantwortlicher für die Projektevaluation

Studium der Psychologie, Psychopathologie und Betriebswirtschaftslehre an der Universität Zürich.
Seit 2000 als Psychologe am Kinder- und Jugendpsychiatrischen Dienst (KJPD) in Effretikon und als Mitarbeiter der Abteilung Angewandte Psychologie an der Universität Zürich tätig.

Emanuela Erzinger-Manea
Pflege, Gruppenleiterin

1982 Abschluss der Fachausbildung in Krankenpflege.
Seit 1982 Arbeit als Krankenschwester auf der neonatalen Intensivstation USZ.
Seit 1993 Leitung der Elterngruppe.
Seit 1994 zuständig für die theoretische Ausbildung der neuen Mitarbeiterinnen.
Seit 1994 Mitglied des medizin-ethischen Arbeitskreises Neonatologie USZ.
Zurzeit Gruppenleiterin.

Diego Mieth
Dr. med., Leitender Arzt

1963 Medizinisches Diplom in Buenos Aires.
1964 Pädiatrie-Ausbildung im Hospital de Ninos Buenos. Aires.
1965–1969 Pädiatrie-Ausbildung im Kinderspital Zürich.
1969 Pädiatrie-Assistent im Kinderspital Winterthur.
1970–71 Pädiatrie-Assistent im Kinderspital Zürich.
1971–1973 Oberarzt.
1973–2002 Leitender Arzt in der Klinik für Neonatologie USZ.
Seit 1994 Mitglied des medizin-ethischen Arbeitskreises Neonatologie USZ.
Intensive und kontinuierliche Auseinandersetzung mit ethischen Fragen.

Silvia Rauch
Pflege, Stellvertretende Leiterin Pflege

1975 Diplom als Kinderkrankenschwester.
1975–1976 Kinderklinik in Chur.
Seit 1976 Arbeit als Krankenschwester auf der neonatalen Intensivstation USZ.
Seit 1992 stellvertretende Leiterin Pflege.
Seit 1994 Mitglied des medizin-ethischen Arbeitskreises Neonatologie USZ.
Kontinuierliche Auseinandersetzung mit ethischen Fragen.

Kurt von Siebenthal
Dr. med., Oberarzt, heute in freier Praxis

Medizinstudium in Basel und Zürich, Ausbildung in Pädiatrie, speziell Neonatologie und Entwicklungspädiatrie.
1990–1992 Researchfellowship in Leuven, Belgien.
1992–2000 Oberarzt an der Universitätskinderklinik Zürich und auf der neonatalen Intensivstation am USZ.
1994–2000 Mitglied des medizin-ethischen Arbeitskreises Neonatologie USZ.
2000 Wechsel in die kinderärztliche Praxis.

François Stoll
Prof. Dr. phil., Ordentlicher Professor für Angewandte Psychologie an der Universität Zürich, Leiter des Nationalfondsprojekts zur Evaluation des Entscheidungsfindungsmodells

Studium der Psychologie an den Universitäten Genf und Neuenburg.
Mitarbeit am Max Planck Institut für Arbeitsphysiologie, Dortmund.
Betriebspsychologe AFICO (Nestlé), Vevey.
Post-doctoral Associate, Johns Hopkins University, Baltimore, Maryland.
Seit 1973 Professor für Angewandte Psychologie an der Universität Zürich.
1994–1996 Dekan der Phil. I Fak.
Leiter der Expertengruppe des Nationalen Forschungsprogramms 15: Arbeitswelt – Humanisierung und technologische Entwicklung.
Nationaler Koordinator der Projekte IEA – Reading Literacy und IALS/OECD – Adult Literacy Survey.

Priska Weber
Pflege, Spitex mit Kindern

1991 Abschluss der Ausbildung als Krankenschwester in integrierter Krankenpflege an der Krankenpflegeschule Zürich.
1992 bis 1999 Arbeit als Krankenschwester auf der neonatalen Intensivstation USZ.
1994–1999 Mitglied des medizin-ethischen Arbeitskreises Neonatologie USZ.
Seit 1999 spitalexterne Pflege mit Kindern.
Intensive Auseinandersetzung mit ethischen Fragen.

Klaus Wunder
Dr. phil. I der Universität Zürich. Verantwortlicher für die Projektevaluation

Studium der Verwaltungswissenschaften, Psychologie und Soziologie an den Universitäten Konstanz und Buffalo, N.Y., U.S.A.
Dozent Universität Konstanz. Forschungsprojekte zur Entscheidungsfindung in Gruppen, Feedback und Teamsupervision. Berater, Führungsfortbildung.
Software-Ergonom, Personalverantwortlicher (Grossbank).
Seit 1998 Dozent an der Fachhochschule Zürich, Hochschule für Soziale Arbeit.